本书获西南财经大学
"中央高校基本科研业务费专项资金"资助

RESEARCH ON
the Efficiency of Public Service Supply in Urban
and Rural Communities

光华社会学文库

主 编 边慧敏　　执行主编 彭华民　　副主编 邓湘树

城乡社区公共服务供给效率

张琼文 / 著

社会科学文献出版社
SOCIAL SCIENCES ACADEMIC PRESS (CHINA)

总　序

为了更好地推动西南财经大学社会学学科建设，我们编撰了"光华社会学文库"。回顾从光华大学（Kwang Hua University）到西南财经大学的近百年历史，经世济民、孜孜以求是西南财经大学一贯传承的理念。秉持这两条交相辉映的大学学术精神，我们将本丛书取名为"光华社会学文库"，以守百年之光荣传统。同时，我们力求社会学研究的创新，这个努力包含了文库专著在中与西、理论与实证、学术与应用等方面的贡献。

一　西南地区的社会学研究：历史的馈赠

中国社会学起源于中国近代资产阶级启蒙思想家、中国社会学的先驱者严复于1897年翻译的斯宾塞的《社会学研究》（取名《群学肄言》）。1903年上海文明编译局出版《群学肄言》足本，1908年上海商务印书馆出版《订正群学肄言》。同时，中国古代学者思想中包含的丰富的社会思想，为中国社会学的发展做出了宝贵的贡献。[①]在社会学界，一般称20世纪40年代（指1937~1949年）为社会学的建设时期。社会学传入中国后的30多年仍

[①] 景天魁：《中国社会学话语体系建设的历史路径》，《北京工业大学学报》（社会科学版）2019年第5期。

是舶来品。所以，如何使社会学的理论结合中国的社会实际、使社会学中国化，成为 20 世纪三四十年代社会学的中心任务①。而赋予这一时期中国社会学以学术灵魂的，当属以孙本文为代表的文化学派或综合学派②和在社会主义思潮基础上生发而来的唯物史观社会学③，以及吴文藻等人创建中国学派的努力。从某种意义上说，孙本文及其代表的综合学派是在那个时期的学院社会学中居于正宗地位的主流形态④。

中国社会学的历史本是在学术传统和学术领域中展开和书写的，但一个历史性事件改写了中国社会学发展的轨迹。1937 年七七事变爆发后，日军大举进攻中国，内地多个城市沦陷，平、津、宁、沪、杭等省市 70 多所高校为了保存我民族教育之国脉，迁徙到西南大后方⑤。各大院校、研究机构及社会学者云集西南边陲，云南、四川等成为社会学研究的重镇。被战争改写的中国社会学史中有一支兼有学术传统和地域特征的研究团队，他们在战争炮火中迁徙到西南，就地搞乡村建设实验；办教育培养社会学人才；结合战时情况，与实际部门开展社会服务工作，进行人口普查和社会实验，对不同类型社区和少数民族地区进行深入调查研究，对一些重要的社会问题进行系统研究⑥。与孙本文及其代表的综合学派相比，他们的研究更具中国特色，其研究成果成为中国社会学史上具有独创性的华彩之章。

在西迁社会学团队的社会学中国化研究中，社区研究独树一

---

① 杨雅彬：《四十年代中国社会学的建设》，《社会学研究》1988 年第 1 期。
② 郑杭生、李迎生：《中国早期社会学综合学派的集大成者——孙本文的社会学探索》，《江苏社会科学》1999 年第 6 期。
③ 李培林：《20 世纪上半叶的唯物史观社会学》，《东岳论丛》2009 年第 1 期。
④ 周晓虹：《孙本文与 20 世纪上半叶的中国社会学》，《社会学研究》2012 年第 3 期。
⑤ 西南地区文史资料协助会议编《抗战时期内迁西南的高等院校》，贵州民族出版社，1988。
⑥ 杨雅彬：《四十年代中国社会学的建设》，《社会学研究》1988 年第 1 期。

帜，形成20世纪40年代具有特色的中国学派。抗日战争时期，西迁内地进行实地社区研究的有三个重要机构：李景汉、陈达、史国衡等学者汇集的清华大学国情普查研究所，费孝通、许烺光、陶云逵等工作的云南大学和燕京大学合作的社会学研究室，李安宅等组织的华西协和大学边疆研究所。李安宅教授组织和领导了华西协和大学边疆研究所的工作。他从西北抵成都后，除了整理西北藏族宗教、政治、文化、民俗民风的调查材料，还组织了社区实证研究。该所社区研究与云南大学-燕京大学社会学研究室工作相似，也是在一定的小社区内长期进行多方面的实地观察，用当地的事实来检验人类学的各种理论并加以引申或修正。费孝通、李安宅、林耀华的成就引起国际社会科学界的注意。他们的社区研究向着方法的科学化、问题的具体化、内容的中国化方向发展，改变了以往只注重西方理论的系统介绍，或者罗列中国社会事实的某种学院派研究状态[1]。孙本文在《当代中国社会学》一书中总结了社会学传入中国半个世纪的历史，提出社会学中国化的几项工作：一是中国理论社会学的建立；二是中国应用社会学的建立；三是社会学人才的训练[2]。按照这个划分，抗日战争时期西南地区特别是成都社会学研究的贡献主要是在应用社会学领域。

二 从光华大学到西南财经大学：光华日月　经世济民

西南财经大学的校史渊源上溯到上海的光华大学。光华大学是民国时期著名的综合性私立大学。光华大学的"光华"取自《卿云歌》"日月光华，旦复旦兮"。1937年八一三事变爆发后，因地处战区，光华大学校舍全部被日军炸毁，但学校仍坚持租房

---

[1] 杨雅彬：《四十年代中国社会学的建设》，《社会学研究》1988年第1期；周晓虹：《孙本文与20世纪上半叶的中国社会学》，《社会学研究》2012年第3期。
[2] 孙本文：《当代中国社会学》，商务印书馆，2011（1948）。

上课，未曾间断。同时校长张寿镛和校董事会商议决定将学校一部分内迁入四川，于1938年成立"私立光华大学成都分部"，上海本部不再公开招生。光华大学成都分部成立后，不仅接受上海光华避难入川的学生，而且接受流亡到成都的其他大学肄业生。学生的年幼弟妹还可以被安排到大学附属小学和附属中学学习。1938年，由妇女界进步人士倡议发起，以救济教养战时难童为宗旨的抗战爱国团体——中国战时儿童保育会（以下简称"保育会"）在汉口正式成立。保育会自成立起，工作人员就不顾炮火危险，到战区搜救失去亲人、流浪街头的孤儿和贫苦之家无力抚养的儿童，将其运送到后方安全区。1938年春，保育会到学校洽谈，成都光华大学谢霖副校长答应接受男女难童入学校初中部学习，副校长夫人张慧卿担任保育生管理员。保育生毕业后有的考取空军院校、有的考入军事院校和其他大专院校、有的参军奔赴前线抗日[①]。光华大学成都分部的师生胸怀救国治国之宏伟之志，秉持科学救国和民主救国精神，教学因陋就简，学校弦歌不缀。可歌可泣，可书可记。

特别需要指出的是，光华大学内迁成都后，设文学院、理学院和商学院，其中文学院六系中就包括社会学系。著名的社会学家潘光旦先生曾任社会学系主任、文学院院长。现在虽然缺乏更多的历史档案资料，但西南财经大学社会学学科是与中华民族抗日战争的伟大历史联在一起的，其社会学研究和社会服务在中国社会学史上具有重要的意义。

抗战胜利后，光华大学上海本部恢复，成都分部交四川省地方接办，1946年更名为私立成华大学，与上海光华大学成为一脉相承的兄弟学校。在1952年至1953年院系调整中，以私立成华大学为基础先后并入西南地区财经院校或综合大学的财经系科，

[①] 西南地区文史资料协助会议编《抗战时期内迁西南的高等院校》，贵州民族出版社，1988。

光华大学院系设置沿革表

时间	院系名称																								
一九二六年	文科	国学系	教育学系	历史学系	政治学系	社会学系	哲学心理学系	英文学系	法文学系	德文学系	理科	物理学系	化学系	生物学系	数学系		商科	银行学系	会计学系	商业管理学系	经济学系	工科	测量系	绘图系	建筑系
一九三六年	文学院	国文系	教育系	历史系	政治系	社会系		英文系			理学院	数理系	化学系			土木工程系	商学院	银行系	会计系		经济系				

图 1　光华大学创始期和 1936 年发展时期院系设置

光华大学成都分部院系设置表

时间	院系名称										
	文学院					理学院		商学院			
一九三八年至一九四六年	中国文学系	教育学系	历史学系	政治经济学系	社会学系	化学系	土木工程系	银行学系	会计学系	工商管理学系	会计专修科

光华大学成都分部沿用光华大学设立的文学院、理学院和商学院，下设10个系及一个专修科

图 2　光华大学成都分部时期院系设置

组建西南财经大学的前身——四川财经学院。西南财经大学的光华校区即光华大学成都分部旧址，学校秉持经世济民、孜孜以求的大学精神。

三　光华社会学文库：回到初心再出发

1949 年之后，地处西南地区的成都社会学陷入低潮。首先是华西协和大学社会学系合并到四川大学等高校，相关的具有特色

的社区社会学研究黯然退场。其次是大学社会福利服务随着新中国的建立，通过政府新福利政策和福利提供形式而改换门庭。1979年中国社会学重建后，四川成都的多个高校重建了社会学专业。西南财经大学于1984年获批人口学硕士点，1987年获批人口学二级学科博士学位授权点，1999年人口学获批四川省重点学科，是国内最早建立人口学学科、获得人口学硕士和博士授权资格的高校之一，涌现出了吴忠观、刘洪康等一批全国知名的人口学学者，成为全国人口研究的学术重镇。2008年在应用经济学下自主设置社会经济学，2008年获批社会工作本科专业，2010年获批社会工作硕士专业学位授权点，2011年获批社会学一级学科硕士学位授权点，2012年自主设置应用社会学硕士点，2014年自主设置民俗学硕士点，2018年获批社会学一级学科博士学位授权点。学校先后成立人口研究所、西部经济研究中心、人文学院、社会工作发展研究中心和社会发展研究院等社会学相关机构。其中，人口研究所成立于1979年，1985年开始招收人口学硕士研究生，1987年开始招收人口学本科生，1988年开始招收人口学博士研究生，2000年被调整至法学院，2006年被调整至西部经济研究中心，并于2012年开始招收社会学硕士研究生。人文学院于2008年开始招收社会工作本科生，2013年开始招收应用社会学硕士研究生，2015年招收民俗学硕士研究生。社会工作发展研究中心成立于2007年10月，2009年开始招收社会经济学硕士研究生，2010年开始招收社会工作硕士专业学位研究生，2013年开始在经济保障与社会保险博士点下招收灾害风险管理和灾害社会工作方向博士研究生，2018年1月改为社会发展研究院，2018年开始招收社会学博士研究生。为进一步促进社会学学科发展，2020年7月学校将社会学相关专业整合到社会发展研究院。研究院秉持整合优势资源、立足西部建设更为完整的社会学学科的思路，新设社会学研究所、人口学研究所、社会政策与社会工作研究所、经济社会学研究所、民俗学研究所，共同研究中国经济社会尤其是社会发展面临的重大理论和实践问题，为中国社会建设和社会治理贡献力量。

西南财经大学有经济学学科优势，金融学人才培养具有明显特色。社会学在这样的大学中发展的确需要探索自己的学术成长道路。经济学和社会学学科实际上有多种学术联系与渊源。从1969年开始颁发的经济学诺贝尔奖获得者中，有数位的研究成果跨界整合了经济学和社会学，如阿马蒂亚·森的贫困研究和可行能力研究，加里·贝克对人类相互行为的分析，安格斯·迪顿对消费、贫困和福利的研究，阿比吉特·班纳吉、艾丝特·杜芙若及迈克尔·克雷默在全球反贫困研究中使用的实验型方法等。当经济学遇到做非经济因素影响分析时，社会学无疑是最好的研究合作伙伴。中国社会学也出现跨学科的分支领域，如经济社会学等。1983年南开大学社会学系与中国社会科学院社会学研究所联合在天津召开第一届经济社会学研讨会。2019年和2020年西南财经大学社会发展研究院与清华大学社会与金融研究中心、中央财经大学社会与心理学院、中国社会科学院社会学研究所联合举办了两届中国社会学会年会金融与民生福祉论坛等。西南财经大学的社会学学科与综合大学的社会学学科不同，在坚守社会学初心的同时，不断寻找和突出自己的内联外合的优势。

西南财经大学社会学学科多年来还形成了基层社会治理研究的特色。社会发展研究院现拥有多个研究中心和基地，包括民政部"中国基层治理研究中心"、四川省人文社会科学重点研究基地"西部城乡统筹与社会建设研究中心"、民政部"国家社会工作专业人才培训基地"、中国社会工作教育协会社会治理与社会工作专委会"高质量社会发展科学研究基地"等。社会发展研究院与中国家庭金融中心联合开展全国抽样调查，通过规范的问卷调查以及数据分析，建立了首个中国基层治理数据库。获得多项基层社会治理研究课题，包括国家社会科学基金"社会工作与灾后社区重建"、联合国儿基会"汶川地震社会工作发展对策研究"、教育部人文社科研究项目"大型自然灾害中政府与非营利组织合作关系研究——以汶川特大地震为例"、民政部招标课题"社会工作在汶川地震中的功能和作用研究"、国家外专局项目"农民集中居住区社区管理模式创新研究"等；成果出版注重灾害社会工作研究、城乡统筹中的社会建设研究、西部少数民族地区人口发展与反贫困战略研究、基层社会组织研究，为西部地区经济社会跨越式发展提供了高层次的战略规划及决策咨询服务，相关成果水平和团队研究能力在中国西部地区高校中名列前茅。

出版"光华社会学文库"的设想始于2019年初。初心是想聚集西南财经大学社会学的优势资源，建立一个社会学优秀学术成果发表平台，做成一个具有特色的学术品牌。学院年轻教师部分毕业于国内985高校或211高校，部分毕业于海外境外高校，他们国际视野开阔，理论与方法训练扎实，多篇论文发表在国内一流期刊和SSCI期刊。他们倾尽全力完成的独立专著创新性强，值得一读。本套丛书第一批包括以下专著：

邓湘树《大型自然灾害中的政府与非盈利组织合作研究》
胡俞《人际信任论》
潘彦谷《亲子、同伴依恋和中学生心理素质》
张琼文《城乡社区公共服务供给效率》
蒋和超《孟母"择邻"：中国城市儿童学业成就的邻里效应》
魏真瑜《从众心理与亲社会行为》
陆毅茜 Postgraduate Transitions of University Students in Transforming China

我们计划不断地邀请年轻学者将他们的成果纳入"光华社会学文库"出版，在2021年或2022年推出"光华社会学文库"第二批。感谢西南财经大学双一流学科建设办公室的大力支持,感谢社会科学文献出版社谢蕊芬等编辑的辛勤工作。

文库主编　边慧敏教授

西华大学党委书记

文库执行主编　彭华民教授

西南财经大学社会发展研究院特聘院长

文库副主编　邓湘树

西南财经大学社会发展研究院副院长

2020 年 10 月 15 日

前 言

随着经济社会发展转型,居民对于社区公共服务的供给水平与供给绩效提出了更高的要求。而社区公共服务供给不均衡、供给不足等问题突出,严重影响社区居民的生活质量。如何解决上述问题,提升社区公共服务的绩效,成为社会各界的重要关注点。在社会主义发展的初级阶段,要在短期内提升社区公共服务的绩效,仅仅依靠大规模的财政投入并不现实。因而在既有供给水平上,如何提升供给效率,实现资源的优化配置成为解决绩效问题的关键。

近年来,"项目"供给方式逐渐演化为城乡社区公共服务供给的主要方式,对城乡社区公共服务供给效率产生了重要影响。尽管学界关于社区公共服务项目供给方式的探讨较多,但较少有实证资料证实项目供给方式究竟对我国城乡社区公共服务的供给效率有多大的影响以及究竟有哪些因素影响项目的供给效率。而对城乡社区公共服务项目供给效率的分析以及对比城乡社区公共服务总体效率与项目效率的差异是解答我国城乡社区公共服务供给效率问题的关键所在。

为了有效地回答这个问题,本书借用西南财经大学中国家庭金融调查与研究中心"2015年城乡社区治理调查"数据,采用三阶段 DEA 模型对我国城乡社区公共服务供给总体效率与影响因素以及项目效率与影响因素进行了比较分析。这不仅从实证层面对我国城乡社区公共服务供给效率问题进行了回应，也为解决城乡社区公共服务的供给效率问题、提升城乡社区居民的福利水平提供了参考和建议。

目录

第一章 导论 …………………………………………………… 1
  一 问题提出与研究意义 …………………………………… 1
  二 文献综述 ………………………………………………… 6
  三 研究思路、基本框架与研究方法 …………………… 19
  四 可能的创新与局限 …………………………………… 26

第二章 社区公共服务供给效率理论基础及评价模型 ……… 29
  一 基本概念 ……………………………………………… 29
  二 相关理论基础 ………………………………………… 46
  三 效率评价：三阶段 DEA 模型 ……………………… 55

第三章 城市社区公共服务供给效率及影响因素 …………… 63
  一 城市社区公共服务供给效率 ………………………… 63
  二 城市社区公共服务投入产出变量分析 ……………… 74
  三 实证结果及影响因素 ………………………………… 82

第四章 城市社区公共服务项目的供给效率及影响因素 …… 99
　一 城市社区公共服务项目的供给效率评价 ………… 99
　二 实证结果及影响因素分析 ………………………… 104
　三 城市社区公共服务项目供给效率的比较 ………… 120

第五章 农村社区公共服务供给效率及影响因素 ………… 130
　一 农村社区公共服务供给效率 ……………………… 130
　二 农村社区公共服务投入产出变量分析 …………… 137
　三 农村社区公共服务供给效率实证结果及影响
　　　因素分析 …………………………………………… 146

第六章 农村社区公共服务项目的供给效率及影响因素 …… 167
　一 农村社区公共服务供给效率评价 ………………… 167
　二 实证结果及影响因素分析 ………………………… 173
　三 农村社区公共服务项目供给效率的比较 ………… 187

第七章 结论、建议与展望 …………………………………… 197
　一 基本结论 …………………………………………… 197
　二 政策建议 …………………………………………… 207
　三 研究展望 …………………………………………… 218

参考文献 ………………………………………………………… 220

第一章　导论

一　问题提出与研究意义

（一）研究背景与研究问题

党的十九大报告提出："中国特色社会主义进入新时代，我国社会主要矛盾已经转化为人民日益增长的美好生活需要和不平衡不充分的发展之间的矛盾。"社区作为人们生活的重要场域，提供充足、均等、有效的公共服务是缓解上述矛盾的重要途径之一。

20世纪90年代以来，我国政府以"社区建设"为契机，积极推动社区公共服务的完善和发展，取得了一系列丰硕的成果。然而自上而下的政府单一供给方式带来了垄断、规模不足、服务发展不均等、过度行政化、界限不清等问题[1]，造成社区公共服务供给效率损失。[2] 特别是分税制改革以来，财权不断上移，基层政府在财政压力加大以及行政资源紧张的情况下，忽略社区公

---

[1] 樊丽明、石绍宾：《公共品供给机制：作用边界变迁及影响因素》，《当代经济科学》2006年第1期。
[2] 马海涛、程岚、秦强：《论我国城乡基本公共服务均等化》，《财经科学》2008年第12期。

共服务的供给，逐步演化为"悬浮型"政权，带来合法性危机的挑战。[①] 同时，传统社区公共服务主要针对特殊人群提供保障基本生活的福利服务已不能完全满足社区居民的现实需要。如何更有效地进行社区公共服务的供给，满足居民对高质量社区公共服务的需求，成为社会各界关注的重要议题。

从学术层面来看，关于社区公共服务如何有效供给的研究非常之多。学术界从不同的角度进行了考察，主要围绕"谁来供给？即供给主体的问题""供给什么？即供给内容的问题""怎样供给？即供给机制的问题"展开。从供给主体来看，政府作为社区公共服务最重要的供给主体，对社区公共服务供给效率的影响非常大。政府的单一化供给会带来寻租、官僚主义等问题，导致效率损失，因而不仅要通过政府购买社区公共服务的方式引入市场机制，打破政府垄断地位[②]，而且要鼓励居民参与到社区公共事务中，发挥社区居民自愿供给公共服务的主体优势。从供给内容来看，政府应从社区公共服务的质量度量难易度、交易成本、社区公共服务的公共伦理价值等因素来确定供给边界。从供给机制来看，主张通过市场、政府、社会等多元供给机制的协调来进行有效供给。[③] 尽管研究视角具有较大的差异，但目标非常一致，即最大化社区公共服务的供给效率，以最少的社区公共服务成本获得最多的收益。

再从实践层面来看，当前仅仅依靠增加社区公共服务的财政投入并不现实，而提高既有资源的供给效率成为解决社区公共服务不足与不均问题的关键环节。近年来，项目成为社区公共服

[①] 周飞舟：《从汲取型政权到"悬浮型"政权——税费改革对国家与农民关系之影响》，《社会学研究》2006年第3期。

[②] 〔美〕E.S. 萨瓦斯：《民营化与公私部门的伙伴关系》，周志忍等译，中国人民大学出版社，2002，第253~260页。

[③] 李雪萍：《城市社区公共产品供给机制论析》，《社会科学研究》2009年第3期。

的主要供给方式，其事本主义特点、强烈的目标性、权责的明晰性为解决社区公共服务供给效率问题提供了契机。项目能够通过事前确定剩余索取权以及权责关系，以共担成本、共享收益的形式来激励不同供给主体之间在社区公共服务供给上进行合作，能够更好地配置资源，突破政府内部科层体系的区隔，因而受到青睐。中央及地方也相应出台了一系列政策鼓励以项目的方式来进行社区公共服务的供给，从项目流程规范到评估监督创新来提升供给效率。例如，2013年《国务院办公厅关于政府向社会力量购买服务的指导意见》指出："政府应在公益性、公共性、效益性的原则下，按照项目管理的方式加强资金管理和绩效评价，保证服务的质量与数量。"[1] 在城乡社区公共服务的供给实践中，项目供给方式已逐步演化为最主要的供给方式。与此同时，鉴于社区本身的"共同体"特征，政府也积极引导社区居民的参与，加强社区居委会自身的队伍建设，加强对社区干部的激励，试图来提升社区公共服务的供给效率。例如，以广州和深圳为代表的"居站分设"模式，按照"议行分设"原则剥离了社区居委会的行政职能，让社区居委会专注于自治服务[2]；以成都为代表的"社区营造"激发居民积极参与社区公共事务的积极性，提升社区福利水平[3]。

可见，社区公共服务作为社会主义建设新时期提升社会福利水平的关键点、政府职能改革的着力点，其能否进行有效供给，事关人民群众的切身利益以及经济社会的稳定发展。而目前我国社区公共服务供给效率并不高，呈现出的区域不平衡、供给不足

---

[1] 《国务院办公厅关于政府向社会力量购买服务的指导意见》，http://www.gov.cn/xxgk/pub/govpublic/mrlm/201309/t20130930_66438.html，最后访问日期：2020年6月15日。

[2] 李璐：《利益分化时代的城市社区管理体制创新研究——以广州、深圳"居站分设"模式为例》，《理论导刊》2012年第7期。

[3] 曾艳：《社区治理创新中的社区营造：实践运作与现实启示——以成都为例》，《中共成都市委党校学报》2019年第2期。

等问题严重制约着基层社会福利水平的提升。

因此，要提升社区公共服务的供给效率，必须深入回答三个核心的问题，即我国城乡社区公共服务的供给效率究竟如何；项目供给方式是否能够提升社区公共服务的供给效率；有哪些因素会对城乡社区公共服务供给的总体效率与项目效率产生影响。

（二）研究目的

本书利用西南财经大学中国家庭金融调查与研究中心"2015年城乡社区治理调查"数据，运用三阶段 DEA 模型从微观层面对我国城乡社区公共服务供给的总体效率与影响因素以及项目效率与影响因素进行了比较分析，目的有二：一是从社区层面、省际层面、地域层面对城乡社区公共服务供给的总体效率与项目效率进行客观评价，直观清晰展现目前我国城乡社区公共服务供给效率中存在的不足与问题，实证总体效率与项目效率的差异；二是在借鉴已有研究的基础上，结合我国城乡社区公共服务供给实践，找到影响城乡社区公共服务总体效率和项目效率的因素，提出解决供给效率问题的有效建议，以便切实解决目前我国城乡社区公共服务供给效率提升中的问题，提高城乡社区居民的福利水平。

（三）研究意义

1. 本书的理论意义

社区公共服务供给的效率议题是关系公共资源是否得到有效配置，财政资金、社会资金是否得到有效利用的重要问题，近年来受到经济学界的高度重视。学者们聚焦于财政分权、政府供给机制、市场供给机制、社会供给机制与社区公共服务效率的关系等问题展开，主要借用公共物品理论、公共选择理论、委托代理理论等对其进行研究，并在理论层面有了一定的推进。但是在关于社区公共服务效率的影响因素研究议题上，相关研究成果并不多，还有进一步深化和拓展的空间。由于社区公共服务效率影响因素这个议题已经突破了经济学理论研究的范围，涉及新公共管理理论、新公共服务理论、社区社会资本理论等，因而本书在探讨城乡社区公共服务效率的影响因素上，不仅借鉴了上述理论，而且从研究的实际出发，将社区参与、社区精英、社区干部身份激励等因素纳入其影响因素的探讨中，并实证了这些因素对于社区公共服务总效率和项目效率产生的影响。这不仅丰富了公共物品理论，而且也是对社区公共服务理论的拓展，具有一定的理论价值。

2. 本书的实践意义

社区公共服务事关社区居民的切身利益，是当前重要的民生问题之一。随着我国社会主要矛盾的转化，党和政府对于如何有效供给社区公共服务的问题高度重视，并在供给主体、供给水平、供给内容和供给方式等方面出台许多相应的政策与措施予以保障。从当前我国社区公共服务供给现状来看，我国城乡社区公共服务有了明显改善，表现为供给主体开始逐步走向多元，供给水平有所提升，供给内容明显丰富，供给方式逐步向项目方式转变，但是仍然离社区居民的现实需要有较大的差距。而在社会主义发展初级阶段，仅仅依靠提高财政投入并不是解决问题的根本，如何提升供给效率，特别是通过优化供给方式的形式来在提高供给效率才是解决问题的关键。本书利用西南财经大学中国家庭金融调查与研究中心"2015年城乡社区治理调查"数据，将我国城乡社区公共服务的供给效率与影响因素以及项目效率与影响因素进行了比较分析，不仅有利于我们切实认识当前城乡社区公共服务供给效率的现状、项目供给方式下城乡社区公共服务效率[①]的变化，而且有利于我们深入理解社区公共服务供给效率低下的原因，从而为解决城乡社区公共服务供给

---

① 如无特殊说明，本书中的城乡社区公共服务效率指涉的就是城乡社区公共服务供给效率。

问题提供有效的建议，为政策决策提供合理的参考，具有重要的现实意义。

二 文献综述

（一）社区公共服务供给效率问题研究

1. 政府供给社区公共服务的效率问题研究

政府供给社区公共服务是指政府运用财政资金为满足所辖社区居民的公共服务需求而提供的服务项目以及服务的过程。① 社区公共服务的非竞争性、非排他性、外部性等特征，以及对社会公平、正义价值观的追求决定了政府应承担主要的供给道义和责任。那么，政府是否能够进行社区公共服务的有效供给呢？

庇古（Pigou）、萨缪尔森（Samuelson）等经济学家从社会整体福利出发，提出政府可以通过税收机制进行社会财富的有效再分配，来保证服务的供给。而在征税的原则上，维克赛尔（Wicksell）则进一步提出，应按照收益贡献一致原则，在全体社会成员一致同意的情况下进行。② 其学生林达尔（Lindahl）更是明确提出公共物品的需求与供给均衡点应是在个人在新增某一单位的公共物品上承担的成本与所获得的边际收益正好相等的那个点，即供给水平与承担的赋税应相匹配。维克赛尔－林达尔均衡从理论上提出了政府供给社区公共服务有效性原则，但是现实中社区公共服务的需求与供给的均衡点难以计算，达成社区全体成员的一致同意也非常困难。社区居民并不会主动表达偏好，甚至有可能

---

① 王雪云、高芙蓉主编《政府购买公共服务研究》，经济科学出版社，2016，第14页。
② Wicksell, K., "A New Principle of Just Taxation," in Musgrave, R. A., Peacock, A. T., eds., *Classics in the Theory of Public Finance* (London: Palgrave Macmillan, 1958), pp. 72 – 118.

"搭便车"。① 因而，要促使政府有效地供给社区公共服务，就必须解决三个重要问题，即居民如何表达真实需求的问题、居民如何进行集体选择的问题以及如何有效管理公共物品的问题。②

从需求显示来看，社区公共服务要达到帕累托最优，要求政府掌握成员的真实偏好。蒂伯特（Tiebout）的"用脚投票"理论认为由于不同的社区提供不同的公共服务和征收不同的税率，如果存在足够多的可供居民选择的社区，具有类似偏好的居民在完全信息条件下会通过迁移策略进行偏好显示。③ 维克里（Vickrey）的"第二价格法"证明商品通过拍卖的方式以第二高的价格出售，购买者在互不知道对方出价的情况下，真实显示偏好是其最优的策略。④ 克拉克（Clarke）与格劳维斯（Groves）的"克拉克-格劳维斯税"是指每一个社区成员都有投票改变供给方案的机会，如果投票改变了方案则被征收这种税，如果没有改变则免于征税，所以社区成员不会过高或过低地显示偏好。⑤ 尽管这些模型在理论推导上都非常成功，但是在解释现实上却面临了不少困难，例如，居民迁移并非无成本，现实中也找不到足够多的社区，居民之间可能结成联盟，居民投票对于收益的影响非常小，等等。目前，问卷调查法、实验法、心理学的方法多被用来研究居民的需求显示机制。

从社会选择来看，社区公共服务受到了公共选择规则和选择

---

① Lindahl, E., "Just Taxation—A Positive Solution," in Musgrave, R. A., Peacock, A. T., eds., *Classics in the Theory of Public Finance* (London: Palgrave Macmillan, 1958), pp. 168 – 176.
② Samuelson, P. A., "The Pure Theory of Public Expenditure," *The Review of Economics and Statistics*, Vol. 36, No. 4 (1954), pp. 387 – 389.
③ Tiebout, C. M., "A Pure Theory of Local Expenditures," *Journal of Political Economy*, Vol. 64, No. 5 (1956), pp. 416 – 424.
④ Vickrey, W., "Counterspeculation, Auctions, and Competitive Sealed Tenders," *Journal of Finance*, Vol. 16, No. 1 (1961), pp. 8 – 37.
⑤ 阎坤、王进杰：《公共品偏好表露与税制设计研究》，《经济研究》2000年第10期。

程序的影响。公共选择理论认为政府供给公共物品的类型与数量受到全体社会成员的影响，而影响的途径则是通过民主投票。而这种公共选择过程则是选民表达对公共物品偏好的过程。促成公共物品供给帕累托最优的投票规则是"一致同意原则"。"一致同意原则"能够保证外部性被集体消除，但是决策成本较高。在大规模群体中，个人出于收益与成本的考虑以及个人决策的不重要性，会导致这种原则难以实现。① 在实践中的简单多数原则能降低决策成本，由于公共物品的出资者与收益者可能不一致，如果公共物品的成本是全体成员承担，而受益是部分成员，那么这种投票方式可导致表决通过，结果是公共物品被供给，但政府的开支增长。② 而"一揽子"的公共物品供给决策使得互投赞成票的方式更为普遍，导致公共物品的供给过多。阿罗（Arrow）的"不可能定理"更是指出社会成员偏好具有多样性，对个人偏好进行排序而推断社会总体偏好是难以达成的。③

从管理上看，社区公共服务的有效供给受到政府本身以及内外部监管的影响。政府作为理性经济人，并不天然以实现社会最大福利为目标。尼斯坎南（Niskanen）在《官僚制与公共经济学》一书中提出，政府官员私利实现的主要途径是最大化部门预算以及扩展部门规模，最终导致公共服务的过度供给而损失效率。④ 政府在公共服务上的垄断地位以及官僚主义扩张带来的寻租问题、忽略效益问题等，导致社区公共服务的供给效率损失。

---

① 〔美〕詹姆斯·M. 布坎南、戈登·图洛克：《同意的计算——立宪民主的逻辑基础》，陈光金译，世纪出版集团、上海人民出版社，2014，第87页。
② 〔美〕詹姆斯·M. 布坎南：《公共物品的需求与供给》，马珺译，世纪出版集团、上海人民出版社，2009，第141~145页。
③ 〔美〕肯尼思·阿罗：《社会选择与个人价值》，陈志武、崔之元译，四川人民出版社，1987，第55页。
④ 〔美〕尼斯坎南：《官僚制与公共经济学》，王浦劬等译，中国青年出版社，2004，第41页。

可见，政府供给社区公共服务难以达成帕累托最优，其受到官僚利己主义、选择规则与程序、选民无知、社区参与等方面的影响。

2. 市场供给社区公共服务的效率问题研究

政府在公共物品供给中的垄断性地位会带来效率低下、寻租行为泛滥、公众需求回应不足、官僚体制僵化和膨胀过快等问题，因而一些研究者主张以政府购买服务的方式引入市场机制来弥补上述缺陷。甚至一些研究者认为，市场供给具有效率优势，社区公共服务应由市场机制来决定，而不是由政府行政机制来决定。例如，弗尔德瓦里（Foldvary）认为社区公共服务由市场提供能够解决外部性问题以及收费问题，因而主张用契约化的方式来实现社区公共服务供给的帕累托最优。[①]

20世纪70年代的新公共管理运动为政府将社区公共服务推向市场提供了理论支撑，强调政府与市场在供给社区公共服务上的分工原则，能够让市场生产的尽量让市场生产，通过竞争机制降低生产成本，更快速有效地回应民众需求。政府将社区公共服务推向市场的前提是服务对象明确、服务标准清晰、监管成本低、竞争充分、法治与制度保障。[②] 然而，这在现实中很难实现，因而并不是所有的社区公共服务都能推向市场。一些研究者从交易费用理论的角度提出，服务质量可测性、交易成本高低、资产专用性是重要的分割标准，对于服务质量难以测度、交易成本高、资产专用性高的社区公共服务不宜进行外包。[③]

中国政府近年来借鉴西方发达国家经验，将社区公共服务推

---

① 〔美〕弗尔德瓦里：《公共物品与私人社区》，郑秉文译，经济管理出版社，2011，第11~12页。
② 冯俏彬、郭佩霞：《我国政府购买服务的理论基础与操作要领初探》，《中国政府采购》2010年第7期。
③ 尹文嘉：《政府购买公共服务的交易费用经济学分析》，《商业时代》2013年第29期。

向市场，但是却陷入购买方缺陷与供给方缺陷的困境，严重影响社区公共服务的绩效。从购买方政府来看，政府购买社区公共服务绩效受到购买动机、官员激励、部门分割等方面的制约。政府购买公共服务的动机非常复杂，政治目标可能超越效率目标，成为最重要的考量因素。① 由于社区公共服务的无形性、价值性、专业性等特征，其价格与质量标准难以衡量，服务过程难以进行有效监管。政府在对合同外包的监管上缺乏激励机制以及相应的专业化人员，导致无法对社会组织的资质、信誉、专业能力进行有效甄别，造成公共服务供给效率的损失。② 而从供给方来看，由于承接社区公共服务供给的大部分为社会组织，而社会组织市场发育程度较低，难以形成有效的竞争，供给方会存在由交易锁定带来的新的垄断问题，造成效率损失。且社会组织更容易从满足官员的偏好的角度出发，而忽略居民的实际需求。

可见，社区公共服务的市场化供给受购买方与供给方缺陷的影响，加之政府的自利性与内部的分割问题以及社会组织市场竞争不充分问题，严重制约了社区公共服务的供给效率。

3. 社区自愿供给社区公共服务的效率问题研究

政府缺陷、市场缺陷导致社区公共服务难以有效供给，继而有研究者发现社区有着共同体的优势，可以借助信任、声誉、文化等要素进行社区公共服务的自我供给。奥斯特罗姆（Ostrom）发现公共物品的有效供给有利于维持社区事务的良好状态。③ 张国庆认为社区自我供给具有先天的优势，社区比服务供给者更了

---

① 王雁红：《公共服务合同外包的运作模式：竞争、谈判与体制内外包》，《社会科学战线》2013年第3期。
② Johnston, J. M., Romzek, B. S., "Contracting and Accountability in State Medicaid Reform: Rhetoric, Theories, and Reality," *Public Administration Review*, Vol. 59, No. 5 (1999), pp. 383–399.
③ Ostrom, E., Whitaker, G., "Does Local Community Control of Police Make a Difference? Some Preliminary Findings," *American Journal of Political Science*, Vol. 17, No. 1 (1973), pp. 48–76.

解社区，更关心社区，更能节约交易费用，所以应鼓励社区参与，让社区拥有完全的所有权。① 然而，社区自愿供给难以自发实现，其供给有效性与居民需求显示的机制、选择程序与规则、社区的规模、社区的阶层、供给的方式关系很大。

在我国，长期的制度化依赖造成了居民缺乏需求表达的意识以及途径，阻碍了社区公共服务需求的真实表达，从而影响供给的效率。因而高灵芝认为应以社区组织作为社区公共服务需求表达的重要通道，以社区发展协调委员会作为需求表达的平台。② 毛满长等认为应从机制与制度上去保证居民真实需求的表达，如搭建社区事务平台，构建居民利益畅通表达机制，增加居民的知情权。③ 社区合作文化或者规范能有效促进社区公共服务的供给。哈特卡（Hatekar）等对印度马哈拉施特拉邦的两个村庄进行重复公共物品博弈发现，经济主体的偏好会受到社会文化的影响，而强调社会合作规范文化和有着合作传统的社区更容易形成合作，促进社区公共物品的供给。④ 可见，社区天然的"共同体"特征有利于互惠、合作、信任等文化的生成，对于规避居民的机会主义行为、促进社区自愿供给的达成有着重要的影响。然而，在我国，城市社区并非天然的社会共同体。在行政区划下的社区呈现出的社区居民参与率低、社区归属感弱等问题严重制约自愿供给机制作用的发挥，影响社区公共服务供给效率。

---

① 张国庆主编《行政管理学概论》（第二版），北京大学出版社，2000，第657页。
② 高灵芝：《村庄变迁与农村新型社区公共服务供给——"多村一社区"案例的实证分析》，《东岳论丛》2014年第11期。
③ 毛满长、刘燕华：《政府与居民：合作供给社区公共产品——以武汉市社区绿化的"私养公助"模式为例》，《经济问题》2008年第11期。
④ Hatekar, N., Kulkarni, S., Mehta, P., "Culture, Community and Institutions: Voluntary Provision of Public Goods in Maharashtra," working paper, Department of Economics University of Mumbai, 2014.

(二) 城乡社区公共服务供给效率评价方式及影响研究

1. 公共服务供给效率的评价方式

公共服务供给效率的评价方法大体可分为两种。

一种是客观评价法，主要用于计算多投入多产出下的成本收益，测算投入产出之间的效率关系，通常使用数据包络分析（DEA）、自由处置壳（FDH）等非参数方法以及随机前沿分析（SFA）等参数方法。其中，数据包络分析方法在公共服务的评价中被广泛采用，涉及 DEA-Tobit 模型、三阶段 DEA 模型、Bootsrap - DEA 法、DEA-Malmquist 指数法等。

华盛顿（Worthington, A. C.）运用随机前沿分析法对澳大利亚地方政府的公共服务效率进行了评价。[①] 王伟同运用 DEA-Tobit 模型实证分析了影响中国公共服务效率省际差异的因素，研究发现经济发展、人口规模、政府行政管理水平对中国公共服务效率有正面作用，但是财政分权、城市化水平对公共服务效率的影响并不明显，而居民受教育程度具有负向作用。[②] 续竞秦、杨永恒运用 Bootstrap 修正 DEA 两步法对地方政府基本公共服务进行了研究，发现人均 GDP 越高，人口密度越大，地方政府基本公共服务效率越低；地方政府的财政自主权越高，供给效率越高；居民受教育程度对地方基本公共服务没有明显影响。[③] 陈刚、赖小琼借用三阶段 DEA 模型，采用与续竞秦等人同样的投入、产出及环境变量对省际政府之间的基本公共服务效率进行了研究，结果发现居民受教育水平、人口密度、城市化水平、地区等因素能影响政府

[①] Worthington, A. C., Economic Efficiency in the Provision of Local Public Goods (Ph. D. diss., University of Queensland, 1999), pp. 42 – 78.

[②] 王伟同：《中国公共服务效率评价及其影响机制研究》，《财经问题研究》2011 年第 5 期。

[③] 续竞秦、杨永恒：《地方政府基本公共服务供给效率及其影响因素实证分析——基于修正的 DEA 两步法》，《财贸研究》2011 年第 6 期。

基本公共服务的效率,且在省际层面差异较大。[1] 赖作莲采用DEA-Tobit模型对公共文化服务效率进行了分析,发现经济发展水平越高,人口密度越大,公共文化服务效率越高,而城市化水平越高,人均受教育年限越长,公共文化服务效率越低。[2]

另一种是主观评价法,用于测量公众对于公共服务的满意度,以此作为评价公共服务效率的依据。其中,美国、欧洲的顾客满意度模型相互借鉴与发展,对公共服务的效率评价产生了重要影响。[3] 顾客满意度指数模型将顾客的主观感受、价值、期望、忠诚等因素纳入模型中,通过运算得出顾客满意度指数。由于顾客满意度涉及多个指标,通常采用层次分析(AHP)、专家调查等主观赋权法以及主成分分析、标准离差等客观赋权法来对多指标进行分析和处理,计算出顾客满意度指数后,再通过多元线性回归来分析影响顾客满意度的因素。

2. 城市社区公共服务供给效率的评价及影响因素研究

城市社区公共服务供给效率评价方法与一般的公共服务评价方法一致,只是在选取的指标上有差异。在客观评价上,城市社区公共服务供给效率通过建立不同的评价模型来处理投入与产出之间的关系。田华认为城市社区公共服务效率的评价一定要体现"经济—效率价值"指标,因而要从社区公共服务财政投入与产出之间的数与量上去测量。[4] 陆小成以北京市城市社区为例,采用综合评价法对城市社区公共服务的绩效进行了评价,提出建立

---

[1] 陈刚、赖小琼:《我国省际基础公共服务供给绩效分析——基于以产出为导向的三阶段DEA模型》,《经济科学》2015年第3期。
[2] 赖作莲:《基于DEA-Tobit方法的公共文化服务效率评价及其影响因素研究》,《内蒙古财经大学学报》2016年第6期。
[3] Afonso, A., Schuknecht, L., Tanzi, V., "Public Sector Efficiency: Evidence for New EU Member States and Emerging Markets," *Applied Economics*, Vol. 42, No. 17 (2010), pp. 2147–2164.
[4] 田华:《论政府社区公共服务绩效评估体系的构建》,《理论界》2007年第8期。

社区公共服务标准以匹配财政支出,确保供给效率。① 王云霞运用 DEA-Tobit 模型对重点联系城市社区公共卫生服务的效率进行了测算,并分析了影响效率的因素,同时运用 DEA-Malmquist 模型对效率变化趋势进行了分析,发现在岗人员数、机构收支比、床位数对社区公共卫生服务效率具有明显影响。②

除了客观评价法外,主观评价在城市社区公共服务评估中应用得更广。吉鹏等认为对政府购买养老服务的效率进行评价单一的技术效率评价不够全面,还需要纳入服务对象的主观的满意度评价。他们运用层次分析方法从政策、组织、服务对象感知三个维度对服务对象的满意度进行了效率评价,结果发现服务对象感知的可靠性程度非常高,对服务的环境较为满意,但对服务的公平性以及购买透明度最不满意。③ 邹凯等借鉴顾客满意度理论,运用线性结构关系(LISREL)原理构建了社区公共服务满意度指数模型,用以评测我国城市社区公共服务满意度。④ 麻宝斌等构建了城市社区公共服务满意度指标,从城市社区公共资源投入、公共服务能力、公共服务效果三个层面对社区公共服务效率进行评价。⑤

3. 农村社区公共服务供给效率的评价及影响因素研究

农村社区公共服务供给效率评价方法包括主成分分析法、模糊综合效率评价法、数据包络分析法、顾客满意度评价模型法、

---

① 陆小成:《城市公共服务绩效评价指标体系研究——以北京为实证分析》,《广东行政学院学报》2016 年第 3 期。
② 王云霞:《重点联系城市社区卫生服务机构经济运行状况及效率分析》,博士学位论文,华中科技大学,2013。
③ 吉鹏、李放:《政府购买城市社区养老服务效率评价——基于江苏省三市数据的分析》,《城市问题》2016 年第 10 期。
④ 邹凯、马葛生、苏鹏:《基于 LISREL 的社区服务公众满意度测评研究》,《中国管理科学》2008 年第 S1 期。
⑤ 麻宝斌、董晓倩:《我国城市社区公共服务绩效评价问题研究——以长春市 H 社区为个案》,《云南行政学院学报》2010 年第 5 期。

层次分析法等。刘典文以福建省 9 个设区市的农村社区公共服务为例，通过主成分分析法进行了效率评价，发现福建省农村社区公共服务供给效率整体偏低，财政投入越多的农村社区，社区公共服务效率越高，政府对社区公共服务供给的垄断导致了严重的效率损失。[①] 王汝发通过模糊变换原理和最大隶属度原则对农村社区公共服务进行了模糊综合效率评价。[②] 张启春、江朦朦利用数据包络分析法对 2003~2012 年 31 个省（区、市）农村的基本公共教育服务、基本医疗卫生服务和基本社会服务这三类农村社区公共服务效率进行了评估，研究发现我国农村基本公共服务存在财政投入规模不足、效率低等问题。[③]

刘玮琳、夏英运用三阶段 DEA 模型以及三阶段 Malmquist 模型对省际、区域间的农村基本公共服务效率及其变化进行了分析。结果表明，财政自主权、贫困度、人口密度对农村基本公共服务效率具有负效应，而城镇化水平和经济水平具有正效应。[④] 李燕凌等采用 DEA-Tobit 模型实证分析了县乡政府在农村公共服务上的财政支出效率，发现影响支出效率的因素包括地理位置（与县城的距离）、人口特征（年龄、性别）、城镇化水平、收入水平以及机械动力。[⑤]

王薇、李燕凌认为目前评价农村社区公共服务效率的方法包括层次分析法、模糊综合分析法、主成分分析法等，但这些方法

[①] 刘典文：《基于主成分分析的农村公共服务供给绩效评价研究——以福建省为例》，《发展研究》2010 年第 7 期。

[②] 王汝发：《基于模糊分析的农村公共服务绩效评价》，《郧阳师范高等专科学校学报》2009 年第 3 期。

[③] 张启春、江朦朦：《中国农村基本公共服务绩效评估分析：基于投入－产出视角》，《中南民族大学学报》（人文社会科学版）2016 年第 4 期。

[④] 刘玮琳、夏英：《我国农村基本公共服务供给效率研究——基于三阶段 DEA 模型和三阶段 Malmquist 模型》，《现代经济探讨》2018 年第 3 期。

[⑤] 李燕凌、欧阳万福：《县乡政府财政支农支出效率的实证分析》，《经济研究》2011 年第 10 期。

由于标准不一、信息不对称等问题而评价效用不高。[1] 朱玉春等基于西北5省1478户农村居民的调查数据，通过因子分析法对社区公共服务满意度进行了评价，再采用二元离散选择模型进行回归分析影响满意度的因素。研究结果表明，农村居民对公共服务供给的参与是重要的影响因子。[2] 王蕾、朱玉春运用层次分析法评测了西部地区社区公共服务供给满意度，发现农户的满意度与公共服务的供给效果密切相关。[3] 肖亮对农村社区公共服务的满意度进行了测量，并通过构建线性回归模型发现农民的年龄、文化程度等个人特征对于满意度具有重要影响。[4] 唐娟莉将农户对农村公共物品的满意度视为主观效率，运用因子分析法发现了影响满意度的主要因素是农村交通、卫生、教育、农田水利等公共设施，政府的服务方式以及农户的参与程度。同时，她运用DEA-Tobit模型验证了经济水平、财政分权、人口规模、城镇化水平、人均收入对农村公共服务投资效率的影响。[5]

当然，影响社区公共服务效率的因素还包括社区参与、激励制度、社区能力等。社区参与率是衡量政府治理能力的重要指标，社区参与是居民显示需求的重要途径以及监督政府的重要手段，较高的社区参与率能够有效提升政府供给社区公共服务的效率。穆班吉齐（Mubangizi）以南非农村水资源减贫项目为例，分析了以市场为导向的服务供给方式强调服务效率，但是却对社区

---

[1] 王薇、李燕凌：《农村公共服务绩效评价方法创新研究》，《甘肃社会科学》2013年第6期。

[2] 朱玉春、唐娟莉、郑英宁：《欠发达地区农村公共服务满意度及其影响因素分析——基于西北五省1478户农户的调查》，《中国人口科学》2010年第2期。

[3] 王蕾、朱玉春：《农民对农村公共产品满意度及影响因素分析——来自西部地区735户农户的调查》，《农业经济与管理》2011年第5期。

[4] 肖亮：《农村公共品供给农民满意度分析及评价》，《农业技术经济》2012年第7期。

[5] 唐娟莉：《基于农户满意视角的农村公共服务投资效率研究》，博士学位论文，西北农林科技大学，2013年。

参与具有严重的影响,不利于社区的可持续发展,认为效率原则应结合以人为本的价值观。[1] 奥尔森(Olson)发现公共物品的供给与集团的规模、成员的偏好、制度的安排关系很大。他认为,小集团较大集团更容易形成集体行动。要突破集体行动的困境,需要特定的制度安排。这种制度安排是通过选择性的激励,对实现集体行为贡献的大小实行区别性的奖励或者是对个人进行强制,以便区别对实现集团公共利益做出不同贡献的成员获得收益。[2] 社区的治理能力对社区公共服务的效率具有重要影响。谢迪等对湖北省5个村进行了调研,采用了因子分析法和结构方程模型方法,将村庄的主体能力、权力结构、公共资源、沟通渠道、村庄秩序作为自变量,农村公共服务供给的时效性、投入产出、效益作为因变量,发现村庄的治理能力与农村公共服务供给效率之间关系密切,村庄治理能力越强,公共服务效率越高。[3] 贾先文利用离散回归模型对影响农村居民社区公共服务满意度的影响因素进行了分析,结果发现社区参与、社区经济发展水平、社区居民之间的关系结构都对满意度具有正向作用,而政府的干预不利于提升社区居民满意度。[4] 社区公共服务的供给效率同样会影响农村居民对社区治理的满意度。卫龙宝等发现高收入的农村居民关注生活方面的社区公共服务,收入低的农村居民关注生产方面的社区公共服务;增加供给数量可以增加低收入者的满意

---

[1] Mubangizi, B. C., "Service Delivery for Community Development: Reconciling Efficiency and Community Participation with Specific Reference to a South African Rural Village," *Journal of Public Administration*, Vol. 42, No. 1 (2007), pp. 4 - 17.
[2] 〔美〕曼瑟尔·奥尔森:《集体行动的逻辑》,陈郁、郭宇峰、李崇新译,格致出版社、上海三联书店、上海人民出版社,2014,第28~29页。
[3] 谢迪、吴春梅:《村庄治理对公共服务效率的影响:解析鄂省1098份问卷》,《改革》2013年第11期。
[4] 贾先文:《我国农村社区公共服务满意度的要素模型分析》,《江苏农业科学》,2010年第4期。

度,增加供给资源分配的公平性可以增加高收入者的满意度。①

(三) 文献述评

本节分别对政府、市场、社区自愿供给社区公共服务的效率问题,以及城乡社区公共服务供给效率的评价方式、影响因素进行了文献综述。已有文献为研究我国城乡社区公共服务的供给效率问题做出了重要的贡献,是本研究的重要理论基础。然而,相关研究也存在一些需要进一步结合中国社区公共服务供给的现实,继续深入探讨的问题。

第一,在政府供给社区公共服务效率的研究方面,国内外文献大多聚焦于政府行为本身,认为政府要实现社区公共服务供给帕累托最优,就需要制定显示居民真实偏好的制度,进一步规范社会选择的程序以及增强自身的监管能力。在此基础上,通过精细的理论架构和模型推演确定社区公共服务的最优供给值。然而,囿于现实的复杂性,政府供给的帕累托最优难以达成。即便政府按照理论假设进行社区公共服务的有效供给,也会遭遇执行过程中的"委托—代理"问题。传统经济学大多将政府视为统一的整体,尽管有中央和地方的区分,但是对于具体执行主体的研究并不充分,而这一层级的供给能力和效率对于社区公共服务的供给效率具有重要的影响。在我国,政府供给社区公共服务主要是通过社区"两委"(社区共产党支部委员会和社区居民委员会)来执行的。因而,在分析社区公共服务效率问题时应将落脚点放在社区"两委"这一主体上,考虑社区"两委"的能力对于社区公共服务效率的影响。

第二,在市场供给社区公共服务的效率问题研究上,国内外文献认为政府购买服务将供给方与生产方分割开来,政府专注于

---

① 卫龙宝、张菲:《农村基层治理满意程度及其影响因素分析——基于公共物品供给的微观视角》,《中国农村经济》2012年第6期。

合同的规范、监管以及相应制度的设计，而市场专注于效率和质量的提升。只要有精明的政府和完全竞争的市场，市场化的机制就能克服政府的垄断弊端，从而节约成本，促进有效竞争。我国政府为了提高社区公共服务的供给效率，在借鉴西方经验的基础上，积极推动政府购买社区公共服务，其中最主要的购买方式是项目方式。而关于政府以项目方式购买社区公共服务究竟是否能提高供给效率的实证研究还非常少。因而，需要在这个问题上再尝试进行深入讨论。

第三，在社区自愿供给社区公共服务的效率问题研究方面，大多数文献认为我国在行政区划下的社区呈现出的社区居民参与率低、社区归属感弱等问题严重制约社区公共服务的效率，但是并没有回答城乡社区居民对于社区公共服务的参与究竟对社区公共服务供给效率以及社区公共服务项目供给效率有怎样的影响这个问题。

第四，在社区公共服务效率评价方法上，相关文献指出，数据包络分析法具有多投入多产出问题的优势，三阶段DEA模型能够剔除外在环境因素和随机因素的影响，能够更有效地运用于城乡社区公共服务的效率评价。在社区公共服务供给的影响因素上，文献聚焦于经济发展水平、财政分权、人口规模、人口教育背景、地理环境、社会政策对于社区公共服务效率的影响，而对于社区精英水平、社区参与水平等因素对社区公共服务供给效率的影响探讨并不充分。同时，研究者选取的指标、评价的方法、选用的数据之间的差异，导致存在不一致的研究结论。

三　研究思路、基本框架与研究方法

（一）研究思路

本研究按照发现问题、分析问题、解决问题的思路，从我国城乡社区公共服务供给中存在的问题以及居民的现实需要出发，立足于分析和比较我国城乡社区公共服务供给总体效率、项目效率及其影响因素，继而提出在既有资源投入下如何有效地提高城乡社区公共服务的供给效率的建议（技术路线见图1-1）。研究工作具体分为以下三个阶段。

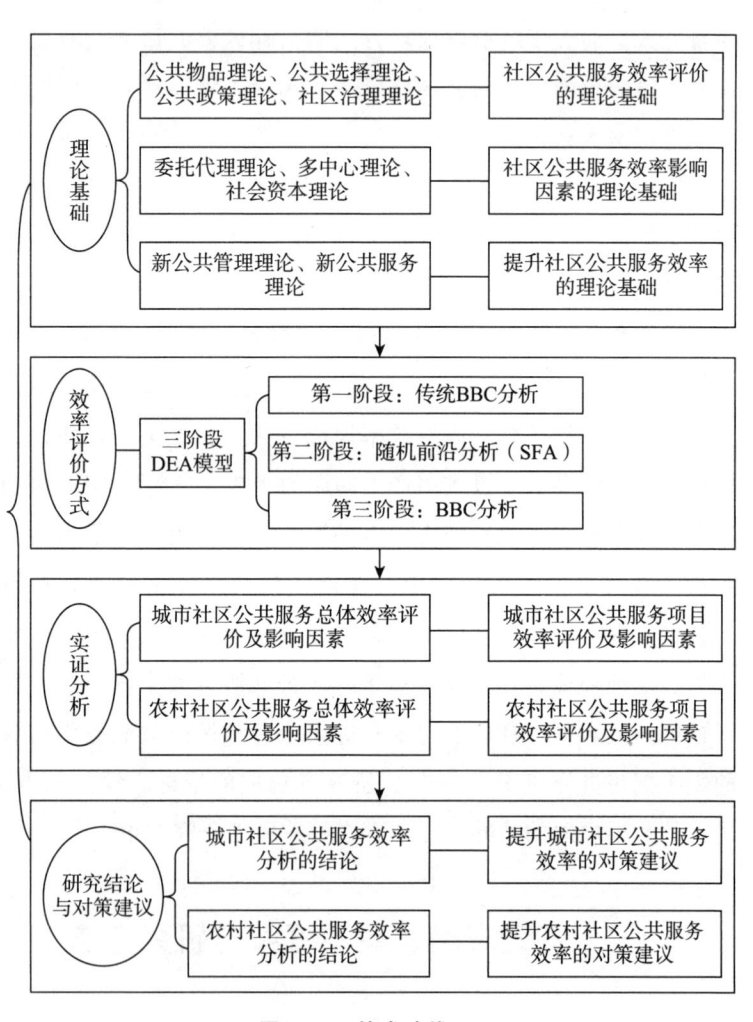

我国城乡社区公共服务供给效率研究
- 理论基础
  - 公共物品理论、公共选择理论、公共政策理论、社区治理理论 → 社区公共服务效率评价的理论基础
  - 委托代理理论、多中心理论、社会资本理论 → 社区公共服务效率影响因素的理论基础
  - 新公共管理理论、新公共服务理论 → 提升社区公共服务效率的理论基础
- 效率评价方式
  - 三阶段DEA模型
    - 第一阶段：传统BBC分析
    - 第二阶段：随机前沿分析（SFA）
    - 第三阶段：BBC分析
- 实证分析
  - 城市社区公共服务总体效率评价及影响因素 ｜ 城市社区公共服务项目效率评价及影响因素
  - 农村社区公共服务总体效率评价及影响因素 ｜ 农村社区公共服务项目效率评价及影响因素
- 研究结论与对策建议
  - 城市社区公共服务效率分析的结论 ｜ 提升城市社区公共服务效率的对策建议
  - 农村社区公共服务效率分析的结论 ｜ 提升农村社区公共服务效率的对策建议

图1-1 技术路线

第一阶段。首先，在大量阅读国内外文献的基础上，结合中

国城乡社区公共服务供给实践，对于社区公共服务、社区公共服务供给效率、社区公共服务项目这三个核心概念进行了清晰的界定。其次，对政府、市场、社区自愿供给社区公共服务的效率问题以及城乡社区公共服务效率评价的文献进行详细的梳理，从中发现需要进一步深入推进的研究点。最后，对社区公共服务效率研究的理论基础进行了阐释，涉及多中心理论、社会资本理论、社区治理理论、新公共服务理论等。上述工作为本研究的研究指明了方向，并奠定了坚实的理论基础。

第二阶段。利用西南财经大学中国家庭金融调查与研究中心"2015年城乡社区治理调查"数据，分别对城市社区公共服务供给效率及影响因素、城市社区公共服务项目供给效率及影响因素、农村社区公共服务供给效率及影响因素、农村社区公共服务项目供给效率及影响因素进行分析。在此基础上，发现城市社区公共服务供给效率与项目供给效率的差异、农村社区公共服务供给效率与项目供给效率的差异，回答项目供给方式是否影响到城乡公共服务供给效率的问题。这是本研究的重点内容。本研究在效率评价上实际处理的是社区公共服务多投入多产出问题，三阶段DEA模型又在处理这类问题上具有明显的优势，因而按照三阶段DEA模型对数据的要求以及有效性和可获取性等原则对数据进行了处理，并按模型进行了实证分析。

第三阶段。根据第二阶段的模型分析结果，提出了提升城乡社区公共服务供给效率的对策建议。具体来说，我国城市社区应着力优化项目供给方式，加强项目的评估管理和监督；提高城市社区公共服务的质量，拓展服务的内容和种类；建立健全城市社区精英的人才发展和激励制度；鼓励和动员城市社区居民参与到城市社区公共服务中；完善城市社区公共服务的供给机制。我国农村社区应进一步深化项目供给方式，积极发挥项目优势；增强社区自身的筹资能力建设；发挥社区共同体优势；引导社会组织发展，多元化供给主体；改善农村干部的激励和考评机制。这也是本研究的最终目的。

（二）基本框架

本研究以城乡社区公共服务供给效率及影响因素为研究重点，具体的结构安排如下。

第一章，导论。首先，介绍"城乡社区公共服务供给效率研究"的选题背景，从中发现并提出本书的研究问题，凸显本研究的研究意义和目的。然后，对社区公共服务的供给效率问题、供给效率评价及影响因素的国内外文献进行了梳理和提炼。最后，介绍了本研究的研究思路、框架与研究方法、研究的创新与不足等内容。

第二章，主要介绍社区公共服务供给效率研究的理论基础与效率评价的三阶段 DEA 模型。其中，理论基础部分主要是对社区公共服务、社区公共服务供给效率、社区公共服务项目这三个核心概念进行清晰界定，对于委托代理理论、多中心理论、社会资本理论、新公共管理理论、新公共服务理论等进行介绍，同时阐释这些理论对本研究在理论上的指导意义。效率评价部分，主要是对三阶段 DEA 模型进行了介绍。

第三章，聚焦于城市社区公共服务供给效率及影响因素，发现社区经济发展水平、社区精英水平、社区城市化水平、社区干部激励政策这 4 个环境变量对城市社区公共服务供给效率具有显著影响。在剔除了外在环境因素和随机误差后，从社区层面看，城市社区公共服务供给的平均综合效率、平均纯技术效率、平均规模效率较第一阶段均有所提升。从省际层面看，综合效率提升最快的是北京、内蒙古和上海；纯技术效率提升最快的是海南、广东、上海；规模效率提升最快的是北京、天津、河北。区域层面上，东部、中部、西部地区综合效率、纯技术效率、规模效率均有所提升。综合效率提升最快的是东部地区；纯技术效率提升最快的是东部地区和西部地区；规模效率提升最快的是东部地区和西部地区。

第四章，聚焦于城市社区公共服务项目的供给效率及影响因素，实证发现城市社区公共服务项目供给效率较低。除了社区经济发展水平、社区精英水平、社区干部激励政策、社区城市化水平这4个变量外，社区参与水平对城市社区公共服务项目供给效率也具有显著影响。在剔除了外在环境因素和随机误差后，从社区层面看，城市社区的社区公共服务项目供给平均综合效率、平均纯技术效率、平均规模效率都有所提升。从省际层面看，除了贵州、宁夏的综合效率有所下降外，其余27个省（区、市）都有所上升；29个省（区、市）的社区公共服务项目供给的纯技术效率都有所提升；除了广东、广西、四川、贵州、青海、宁夏这6个省（区）在规模效率上有所下降，内蒙古保持不变外，其余22个省（区、市）都有所上升。与城市社区公共服务供给总体效率相比，无论是社区层面、省际层面还是区域层面，城市社区公共服务项目供给的平均综合效率、平均纯技术效率和平均规模效率都偏低。

第五章，聚焦于农村社区公共服务总体供给效率及影响因素，发现社区经济发展水平、社区城市化水平、社区干部激励政策、社区参与水平、社区精英水平、社区人口结构、地理位置这7个环境变量对社区公共服务总体供给效率有显著影响，剔除了外在环境因素和随机误差后，从社区层面看，农村社区公共服务总体供给的平均综合效率、平均纯技术效率有所提升，但是平均规模效率有所下降。从省际层面看，城乡社区综合效率第三阶段相对于第一阶段提高的有17个，下降的有6个，不变的有5个；纯技术效率上，28个省（区、市）都有所提高；规模效率上，25个省（区、市）均有所下降，只有3个西部地区的省（区）有所提升。地域层面上，东部、中部、西部地区的综合效率都有所提升，其中西部地区提升最快；纯技术效率上，东部、中部、西部地区均有所提升，其中，东部地区提升最快；规模效率上，东部、中部、西部地区都有所下降，其中，西部地区下降最快。

第六章，聚焦于农村社区公共服务项目供给效率及影响因素，实证发现社区经济发展水平、社区干部激励政策、地理位置、社区参与水平这4个变量对农村社区公共服务项目供给效率具有显著影响，而社区精英水平、社区人口结构、社区城市化水平对其没有显著影响。剔除外在环境因素和随机误差后，从社区层面看，农村社区的社区公共服务项目供给平均综合效率、平均纯技术效率、平均规模效率都有所提升。从省际层面看，除了广东、黑龙江这2个省综合效率下降，辽宁、广西2个省（区）没有变化外，其余24个省（区、市）都有所提高；纯技术效率上，除了浙江、黑龙江、广西这3个省（区）有所下降，广东、海南这2个省没有任何变化外，其余23个省（区、市）都有所提高；规模效率上，除了河北、辽宁、江苏、浙江、广东、山西、安徽、重庆、甘肃这9个省（市）有所下降，黑龙江没有变化外，其余18个省（区、市）都有所提高。与农村社区公共服务供给总体效率相比，农村社区公共服务项目供给的平均综合效率、平均纯技术效率、平均规模效率都有所提高。

第七章，主要对研究结果进行了总结和讨论，并在此基础上提出了相应的对策建议。

（三）研究方法

城乡社区公共服务的供给效率及影响因素研究涉及社会学、经济学、管理学等多学科，本研究为了更好地解答这个问题，综合运用公共物品理论、社区治理理论、社会资本理论、新公共服务理论等多学科的理论来进行系统研究，主要采用的是实证研究与规范研究相结合的方法。实证研究强调社会事实的客观性、规律性以及变量之间的相关关系，依赖于对社会事实的测量、计算，通常采数理统计的方法来呈现，解决的是"是什么"的问题；而规范研究通过理论假设与推演解决的是"应该是什么"的问题。具体来说，本研究采用了以下方法。

1. 文献研究法

本研究在研究过程中，针对政府供给社区公共服务效率问题、市场供给社区公共服务效率问题、社区自愿供给效率问题、社区公共服务效率的评价技术、社区公共服务效率的影响因素进行了大量的国内外相关文献收集，对于了解该领域的研究现状，把握研究趋势，找到研究问题的推进点起到了至关重要的作用。

2. 定量研究法

本研究利用西南财经大学中国家庭金融调查与研究中心"2015年城乡社区治理调查"数据，通过构建城乡社区公共服务效率评价指标体系，运用三阶段DEA模型对城市社区和农村社区公共服务供给的总体效率与项目效率以及相应的影响因素进行了量化分析，力求获得客观、科学的分析结果。

3. 比较研究方法

本研究在对城乡社区公共服务效率问题的实证研究中，借助于比较研究方法的优势，分别对于城市社区公共服务总体效率与项目效率、农村社区公共服务总体效率与项目效率进行了社区层面、省际层面、区域层面的比较和分析，有利于发现城市社区公共服务供给中总体效率与项目效率及其影响因素的异同，农村社区公共服务供给中总体效率与项目效率及其影响因素的异同。

4. 规范研究方法

本研究以效率理论、社区治理理论、社会资本理论、委托代理理论、新公共管理理论、新公共服务理论为基础。其中，效率理论用于效率评价指标的构建以及多投入多产出的效率分析；社区治理理论、社会资本理论、委托代理理论用于城乡社区公共服务影响因素的分析；新公共管理理论、新公共服务理论用于提出在短期内提升城乡社区公共服务供给效率的对策建议。

四 可能的创新与局限

（一）可能的创新点

第一，目前运用微观社区数据对于城乡社区公共服务供给效率进行评价的研究还较少，大多采用统计资料从省际层面和地域层面进行分析，较少涉及社区层面上的微观数据资料。而本研究采用全国层面的微观社区数据，运用三阶段 DEA 模型对城乡社区公共服务效率及影响因素进行了实证研究，这是一种新的尝试和探索，是从微观社区层面上对社区公共服务效率研究的补充。

第二，尽管目前关于社区公共服务项目供给方式的讨论较多，但是较少有实证资料去证实项目供给方式究竟能对社区公共服务供给效率产生多大的影响。而本研究借用三阶段 DEA 模型证实了我国城乡社区公共服务项目的供给效率差异，即城市社区公共服务总体效率高于城市社区公共服务项目效率，而农村社区公共服务总体效率低于农村社区公共服务项目效率。在项目经费占比增加的情况下，提升城乡社区，特别是城市社区项目的供给管理效率非常必要。这是对当前社区公共服务项目供给方式与社区公共服务供给效率关系研究的进一步拓展。

第三，目前关于社区公共服务供给效率影响因素的研究主要集中在对经济发展水平、财政分权、地理位置、城市化水平、人口结构这些因素上。部分研究虽然注意到社区参与水平对于社区公共服务供给效率具有影响，但大多缺少实证证实。本研究在研究中发现，除了经济发展水平、地理位置、城市化水平、社区参与水平对城乡社区公共服务效率有所影响外，社区干部激励政策、社区精英水平对城乡社区公共服务供给效率也具有显著的影响。这是对社区公共服务效率影响研究的进一步推进，有利于更有效地提出提升城乡社区公共服务供给效率的对策。

（二）研究的局限

关于如何解决城乡社区公共服务供给效率的问题，存在不同的研究视角与研究工具，本研究更多的是站在经济效率的基础上对城乡社区公共服务做出评价，对其影响因素进行分析，并未涉及社会效率等议题，因而还具有一定的片面性。要全面解答城乡社区公共服务供给效率问题，无论是理论还是实践都有待继续深入推进。本研究的局限主要体现在以下四个方面。

第一，缺乏纵向分析。本研究利用西南财经大学中国家庭金融调查与研究中心"2015年城乡社区治理调查"数据来对城乡社区公共服务供给效率问题进行研究，由于采用截面数据，只能进行横向比较，无法观察效率数据的动态变动，也无法深入解释效率数据变化的原因。希望在以后的研究中可以进一步做横向与纵向之间的比较，对于社区公共服务效率进行动态分析，以便更好地完善和丰富该研究。

第二，缺乏典型社区的分析和比较。本研究基本以数据分析为依据，涉及的经验材料较少，还需要增加个案研究、参与观察等研究方法，对数据资料做补充，特别是对典型社区的社区公共服务效率进行分类和比较。这为未来的研究指明了方向，即在今后的研究中进一步多元化研究手段，以期进一步丰富实证资料，更深入地理解我国社区公共服务效率及其影响因素。

第三，对空间因素对于社区公共服务效率的影响探讨不足。本研究在探讨社区公共服务效率的影响因素时，主要考虑到社区与城市的距离因素，即地理空间对于社区公共服务效率的影响，同时也考虑到东部、中部、西部地区的整体区域空间对于社区公共服务供给效率的影响。但是由于 DEA 模型本身的限制，社区之间公共服务的外溢性问题难以涵盖在内，对于空间因素的影响讨论不充分。因而，除了用 DEA 模型来分析社区公共服务效率外，还需要借鉴其他的模型来进行深入讨论。这也是在未来的研究中需要进一步深化的工作。

第四，缺乏居民满意度的分析。本研究对于社区公共服务供给效率的比较，主要从社区层面、省际层面和区域层面展开。由于西南财经大学中国家庭金融调查与研究中心"2015 年城乡社区治理调查"数据是以社区为分析单元，没有匹配个人对社区公共服务满意度的调查数据，因而无法从社区居民个人需求层面以及从社区居民满意度层面进行分析，这是社区公共服务效率研究的另一个角度，需要在以后的研究中进一步推进，以便更科学地解答城乡社区公共服务供给效率问题。

总之，本研究存在诸多不足之处，甚至有许多问题是笔者所认识不到的，期待在后续的研究中改进和完善。

第二章　社区公共服务供给效率理论基础及评价模型

一　基本概念

(一) 社区公共服务

1. 理论层面对社区公共服务概念的界定

关于社区公共服务概念的界定，不同理论从各自不同的视角对其进行了阐释。公共物品理论强调社区公共服务的非竞争性、非分割性等特征，公共选择理论着重于社区公共服务的公共性特征，公共政策理论提出社区公共服务的政治性特征，社区公共服务理论强调其社会性特征，社区治理理论突出社区公共服务供给的多元主体性特征。这些理论对社区公共服务概念都具有深远的影响。

第一，公共物品理论对于社区公共服务概念的理论贡献在于提出了社区公共服务的"非竞争性、非分割性、非排他性"的特征以及政府的供给主体地位。

早在18世纪，休谟（Hume）就在《人性论》中提出人是自私的，存在"搭便车"的动机，这会导致公共物品的供给问题，而政府能以绝大部分社会成员的利益作为自己的利益，通过公共利益计划促进诸如桥梁、运河、军队等公共物品的有效供给。①斯密（Smith）在《国富论》一书中进一步提出政府应通过合适的征税方式来提供民政和军政等公共服务。② 早期关于公共物品的研究明确了政府供给的主体地位。而后，萨缪尔森明确对公共产品性质进行界定，他在《公共支出的纯理论》一文中明确提出公共产品的非竞争性特征，并提出实现公共产品的最优配置的前提是了解社会成员的真实偏好。他之后在《宏观经济学》一书中进一步提出公共物品的非排他性，即他人在不付出成本的前提下也能够从公共物品的提供中获益。③ 马斯格雷夫（Musgrave）进一步阐释了公共产品不可分割性的重要特征，并在此基础上提出了政府征税的原则以及财政具有满足公共需要的功能。④ 萨缪尔森和马斯格雷夫对于公共物品的研究，主要关注的还是全国性的公共物品，并没有特别讨论社区这一层级。由于诸如国防、灯塔这样的纯公共物品在生活中并不多见，布坎南（Buchanan）在《俱乐部的经济理论》（*An Economic Theory of Clubs*）一文中提出，除了具有"非竞争性和非排他性"的纯公共物品外，还有一类具有排他性但不具有竞争性的公共物品，称为俱乐部物品。而社区公共产品就是典型的俱乐部物品，只有所属社区成员才能消费，且人人都能够消费，但是当社区成员规模达到一定数量时，同样会产生拥挤问题。⑤

第二，公共选择理论对于社区公共服务概念的理论贡献在

---

① 〔英〕休谟：《人性论》，关文运译，北京商务印书馆，1980，第578~579页。
② 〔英〕斯密：《国富论》，谢祖钧译，河南文艺出版社，2014，第580~583页。
③ 〔美〕萨缪尔森、诺德豪斯：《宏观经济学》，萧琛等译，华夏出版社，1999，第28~30页。
④ 〔美〕理查德·A. 马斯格雷夫：《比较财政分析》，董勤发译，上海三联书店、上海人民出版社，1996，第4~10页。
⑤ Buchanan, J. M., "An Economic Theory of Clubs," *Economica*, Vol. 32, No. 125 (1965), pp. 1-14.

于，社区公共服务具有强烈的集体性属性，需要设置外在的激励制度使其能够有效显示社区成员的偏好，并通过有效的程序促进帕累托最优的达成。

公共选择理论聚焦于选举程序与规则，探讨如何通过有效的程序达成帕累托最优。蒂伯特的"用脚投票"模型认为不同的社区提供不同的公共物品并且相互之间充满竞争，对社区税收信息完全了解的居民可以通过无成本的迁移显示自己的真实偏好，进而促使社区公共物品供给实现均衡。[①] 然而，现实中并不存在足够多的社区供给能满足居民的选择，居民的迁移也并非没有成本，社区的规模难以达到最优。"一致同意模型"认为，只要人们愿意付出的成本与他们获得的公共物品带来的效用正好一致，就能达成均衡解。[②] 但模型本身并没有设置激励机制鼓励人们显示其真实偏好，从而导致实际操作中由于个人的"搭便车"行为而无法实现均衡。同时，"一致同意模型"的决策成本非常高，需花费大量时间和资源讨价还价和修改方案。"简单多数原则"表面上提升了投票效率，但是这种效率是建立在牺牲少数人利益的基础上的。如果要达成均衡，必须假设中间投票人的偏好是服从正态分布的，这与现实差距很大，无法达成帕累托最优。[③] 阿罗提出的"不可能定理"否定了简单多数原则，由于个人偏好的多样性以及差异化，从个人偏好推导出社会偏好是不可能的。[④]

第三，公共政策理论关于社区公共服务概念的理论贡献在于，社区公共服务具有明显的政治属性，其供给内容、供给方式

---

① Tiebout, C. M., "A Pure Theory of Local Expenditures," *Journal of Political Economy*, Vol. 64, No. 5 (1965), pp. 416 – 424.
② 〔美〕詹姆斯·M. 布坎南、戈登·图洛克：《同意的计算——立宪民主的逻辑基础》，陈光金译，世纪出版集团、上海人民出版社，2014，第 84~88 页。
③ 〔美〕埃莉诺·奥斯特罗姆、帕克斯、惠特克：《公共服务的制度建构——都市警察服务的制度结构》，宋全喜、任睿译，上海三联书店，2000，第 43 页。
④ 〔美〕肯尼思·阿罗：《社会选择与个人价值》，陈志武、崔之元译，四川人民出版社，1987，第 67 页。

受到公共政策的影响，因为公共政策是否能够真正代表公共利益直接影响到社区公共服务的公共性。

公共政策理论认为公共物品理论在解释现实世界时具有相当的局限性。例如，义务教育这类物品是否属于公共物品在不同的国家、国家发展的不同阶段界定不一样，带有一定的政治属性。而随着技术的发展，公共物品可能被分割，原本属于公共物品的可能成为私人物品，边界愈发模糊。因此，关于公共服务概念的探讨就不能仅仅局限于经济属性上，还需要考虑社会的正义性和公平性以及政治的民主性等。

20世纪五六十年代兴起的公共政策运动，围绕着政府如何通过政治过程进行公共政策决策，借以有效地解决公共问题，分配公共资源，满足公共需求而展开，而其最核心的概念便是公共服务。公共政策的决策过程本质上也属于公共服务，且过程受到社会公共正义价值、制度环境、利益集团、政治精英的影响。在这里，公共服务的内涵远远大于公共物品的内涵，不仅包括公共物品本身，还包括公共物品供给的政治决策过程，带有浓厚的政治属性。夏志强等认为社区公共服务的本质就是管理好公共事务，维护好公共利益。[1] 秦颖认为，公共产品的本质特征是建立在社会共识基础上的社区共同需要。[2]

第四，新公共服务理论从民主平等价值和公共利益角度出发，强调公民参与权利、政府责任、公民利益、社区价值观等[3]，特别强调居民对社区公共事务的关注与参与，进一步丰富了社区公共服务概念的内涵。

---

[1] 夏志强、王建军：《论社区公共服务的有效供给》，《社会科学研究》2012年第2期。

[2] 秦颖：《论公共产品的本质——兼论公共产品理论的局限性》，《经济学家》2006年第3期。

[3] 〔美〕珍妮特·V.登哈特、罗伯特·B.登哈特：《新公共服务——服务，而不是掌舵》（第三版），中国人民大学出版社，2016，第24、97页。

第二章 社区公共服务供给效率理论基础及评价模型

新公共服务理论发现单纯强调经济、效率、效能并不能达到公共服务供给的最优，应更加注重公平、民主、公民的参与。仅用企业精神对政府进行改造并不可行，需要培养政府人员的公共精神，使其更多地关注公众利益而非个人私利。应重视公民权利，培养并加强民众对公共利益的关注，通过社区互助培育社会资本，增进公民的社区责任感。同时，政府也需要提供相应的制度保障公民的权利，增加公民参与公共事务的机会，拓宽公民参与公共事务的渠道。

第五，社区治理理论对于社区公共服务概念的理论贡献强调社区公共服务供给的主体多元性以及对社区治理效果的影响。社区治理理论关注社区公共服务的供给主体之间的地位以及关系，认为社区公共服务的供给应兼顾市场原则和社会原则，主张政府、社会组织、社区居民等不同主体在平等、协商的基础上供给社区公共服务，满足居民真实需求。例如，克拉克和斯图尔特认为社区治理不应该将政府作为社区唯一的权力中心。[1] 俞可平认为社区治理应该包括参与、法治、透明、回应、有效等规则。[2] 刘继同认为城市社区公共服务无法离开政府的行政化推动与社区的社会化推动，社区组织应以社区需求为导向，积极整合资源，直接供给公共服务，打破国家的垄断性供给，政府、市场与社区应形成平等互惠的制度性伙伴关系。[3] 李友梅从社区公共服务供给主体间的互动关系出发，提出各主体之间在治理中形成不同的角色关系。[4] 夏建中等从社区治理结构的角度剖析社区居民参与、

---

[1] Clarke, M., Stewart, J., "The Local Authority and the New Community Governance," *Local Government Studies*, Vol. 20, No. 2 (2008), pp. 163 – 176.
[2] 俞可平主编《治理与善治》，社会科学文献出版社，2000，第 31~51 页。
[3] 刘继同：《从依附到相对自主：国家、市场与社区关系模式的战略转变》，《毛泽东邓小平理论研究》2003 年第 3 期。
[4] 李友梅：《基层社区组织的实际生活方式——对上海康健社区实地调查的初步认识》，《社会学研究》2002 年第 4 期。

社区资本发展对社区公共服务供给的影响。① 陈洪涛、王名认为居民参与型社区社会组织是构建社区服务体系的关键要素。② 郁建兴、李慧凤对宁波市海曙区的案例进行了研究，发现社区社会组织的发展有利于优化社区公共服务供给机制，提高供给效率。③ 陈其林、韩晓婷认为社会的效率原则促使纯公共物品向准公共物品转化，而公平原则促使私人物品向准公共物品转化。④

综上，社区公共服务可被视为在平等、公平、正义等社会价值指导下，政府、市场、社区等不同供给主体以满足全体社区居民公共利益和公共需要为出发点，通过公共选择的形式在社区范围内提供的各类服务的总称。

2. 我国社区公共服务实践层面概念的演进

我国社区公共服务概念的发展与社区公共服务在实践中的推进息息相关，按照整个发展过程，实际上可以划分为社区公共服务的萌芽阶段（1983~1987年）、社区公共服务的发展阶段（1988~1999年）和社区公共服务的深化阶段（2000年至今）。

1983年起，民政部将如何更好地兴办社会福利事业列为城市民政工作的重点，在广泛调研的基础上形成了采取多形式兴办社会福利事业的新思路。1987年，民政部首次提出社区公共服务的官方概念，并将其界定为"在社区内提供的社会福利和社会服务"。⑤ 1987年武汉会议后，一些城市开始就社区服务发展规划、社区服务模式以及社区服务体系的构建等方面进行深入的探索

---

① 夏建中、〔美〕特里·N. 克拉克等：《社区社会组织发展模式研究——中国与全球经验分析》，中国社会出版社，2011，第52页。
② 陈洪涛、王名：《社会组织在建设城市社区服务体系中的作用——基于居民参与型社区社会组织的视角》，《行政论坛》2009年第1期。
③ 郁建兴、李慧凤：《社区社会组织发展与社会管理创新——基于宁波市海曙区的研究》，《中共浙江省委党校学报》2011年第5期。
④ 陈其林、韩晓婷：《准公共产品的性质：定义、分类依据及其类别》，《经济学家》2010年第7期。
⑤ 唐蒙湘：《关于社区服务的理论界定》，《社区》2008年第21期。

实践。

1989年12月,《中华人民共和国城市居民委员会组织法》颁布,规定"居民委员会应当开展便民利民的社区服务活动",明确将便民利民服务视为社区公共服务。[①] 1992年,中共中央、国务院发布的《关于加快发展第三产业的决定》从产业化的角度对社区服务提出了要求。[②] 1993年,民政部联合13个部委发布了《关于加快发展社区服务业的意见》。[③] 这份文件从服务的性质、供给主体、服务内容、服务方式、运作机制等方面对社区公共服务进行了说明;还特别指出社区公共服务要兼顾经济和效益原则,建立合理的价格体系,以产业化和社会化为方向,实行不同的经营管理方式。而后,社区服务发展迅猛,但是离福利属性渐远。1994年,民政部在上海召开社区服务经验交流会议,重申了社区服务的社会福利属性,并强调社区服务的产业化。1995年起,民政部以开展社区服务示范城区建设为契机,构建社区服务的标准化规范,同时将社区服务纳入社区建设中,明确其在社区建设中的地位。这一阶段确定了社区公共服务的法律合法性以及产业化发展的定位;在各地探索社区公共服务经营管理方式的经验上,纠正社区公共服务的纯粹市场化方式,强调其社会福利属性。

2000年,民政部颁布《关于在全国推进城市社区建设的意见》,明确了社区服务包括社会救助和福利服务、便民利民服务、社会化服务以及再就业和社会保障服务这四种类型,强调拓展社

[①]《中华人民共和国城市居民委员会组织法》,1989,http://www.npc.gov.cn/wxzl/gongbao/1989-12/26/content_1481131.htm,最后访问日期:2020年6月17日。

[②]《中共中央和国务院关于加快发展第三产业的决定》,《中华人民共和国国务院公报》1992年第18期。

[③]《转发国家民政部等十四个部委关于加快发展社区服务业的意见的通知》,《广州政报》1994年第2期。

区公共服务，促进社区服务网络化发展。① 2006年《中华人民共和国国民经济和社会发展第十一个五年规划纲要》提出："加快发展社区服务业，推进社区服务规范化和网络化建设。"② 2006年国务院发布了《关于加强和改进社区服务工作的意见》，明确提出，"鼓励和支持各类组织、企业和个人开展社区服务，培育社区服务民间组织"，"积极探索通过政府'购买服务'、项目管理等多种形式，调动社会组织参与社区服务的积极性，促进公共服务社会化"，"充分发挥行政机制、互助机制、志愿机制、市场机制在社区服务中的作用"。③ 2011年国务院办公厅发布的《社区服务体系建设规划（2011~2015年）》第一次将社区公共服务与便民利民服务、社区志愿服务区分开来，在服务机制上推行"一站式"服务。④ 2016年民政部、发展改革委等16个部门发布了《城乡社区服务体系建设规划（2016~2020年）》，明确指出社区公共服务包括城乡社区就业、社会保障、社区医疗卫生、社区社会服务、社区文化、社区教育、社区体育服务、社区法律、社区安全等方面。在供给机制上，主张发挥城乡自治组织作用，实现居民自愿供给，鼓励政府以政府采购、定向委托、公益创投等方式购买社区公共服务。这一阶段对社区公共服务的内容进行了明确的界定和划分，强调多元主体的参与，凸显了效率的重要性。

---

① 《民政部关于在全国推进城市社区建设的意见》，http://www.cctv.com/news/china/20001212/366.html，最后访问日期：2020年6月17日。
② 《中华人民共和国国民经济和社会发展第十一个五年规划纲要》，http://www.gov.cn/gongbao/content/2006/content_268766.htm，最后访问日期：2020年6月17日。
③ 《国务院关于加强和改进社区服务工作的意见》，http://www.gov.cn/zhengce/content/2008-03/28/content_6609.htm，最后访问日期：2020年6月17日。
④ 《国务院办公厅关于印发社区服务体系建设规划（2011~2015年）的通知》，http://www.gov.cn/zwgk/2011-12/29/content_2032915.htm，最后访问日期：2020年6月17日。

从社区公共服务发展的三个阶段可以看到我国社区公共服务概念的发展轨迹以及面临的挑战。首先，服务内容明确化。社区公共服务的社会福利属性得到进一步明确，区别于社区便民利民服务和社区志愿服务。主要指代的是政府部门为所属社区居民提供的社区就业、社区社会保障、社区医疗卫生和计划生育、社区社会服务、社区文化、社区教育和体育、社区法律、社区安全等方面的服务。其次，供给主体多元化。提供主体经历了从单一政府到政府和市场两个主体，再到政府、市场和第三部门三个主体的阶段。再次，供给方式多样化。政府不仅自己提供公共服务，还通过购买服务的方式将一些可以由市场和第三部门提供的服务转移出去。服务方式包括项目管理、定向委托、发放凭单等。最后，居民参与扩大化。社区公共服务的数量、种类从由政府内部决策开始逐步向社区居民征求意见，并认识到居民的真实需求的重要性，提出要给予居民合理的表达途径。

3. 社区公共服务的类型

我国社区公共服务的内涵非常丰富，关于其分类有不同的划分标准，现有研究大致从主体类型、服务类型、外部性等角度进行划分。

首先，从社区公共服务的供给主体上来划分。目前，提供社区公共服务的主体包括政府、事业单位、社会组织、企业以及社区。夏志强、王建军认为社区公共服务应该分为政府供给社区行政性公共服务、社区居委会供给社区自治性公共服务、社区社会组织供给社区互助性公共服务、市场供给社区市场性公共服务和准市场性公共服务。[1] 卢爱国、曾凡丽认为社区公共服务应该分为社会公共组织提供的弱势群体公共服务、政府和事业单位提供

---

[1] 夏志强、王建军：《论社区公共服务的有效供给》，《社会科学研究》2012年第2期。

的市政服务以及物业公司提供的物业服务。① 田华、陈静波将社区公共服务分为社区自愿提供的公共服务和社会为社区提供的公共服务。②

其次，从社区公共服务的公共属性、物品属性进行划分。杨团从公共性和市场性两个维度将社区公共服务分为保护型社区公共服务、自治型社区公共服务、运营型社区公共服务和专业型社区公共服务。③ 陈伟东、李雪萍沿用公共物品理论，从公共物品的非排他性和非竞争性的角度进行考量。④ 张网成、陈涛从公共产品非竞争性的角度，将社区公共服务定义为集体性消费单位为社区内的个人、家庭、组织等提供的服务。⑤ 杨术、张晓磊认为社区公共产品不仅涵盖政府提供的纯粹的公共产品，如社会保险、基础教育等，还包括由社区组织提供的俱乐部产品，如社区卫生、社区治安。而这类俱乐部产品通常具有外溢性。⑥ 卢爱国、曾凡丽认为社区公共服务与一般的社区行政事务不同，主要通过政府购买社会组织的服务的方式进行。⑦ 王向南、金喜在认为社区公共服务应包括基础设施、其他物质、文化生活等方面的公共资源和直接服务。⑧

---

① 卢爱国、曾凡丽：《社区公共事务的分类与治理机制》，《城市问题》2009年第11期。
② 田华、陈静波：《论社区公共服务供给中的多元化主体》，《云南行政学院学报》2007年第6期。
③ 杨团：《社区公共服务论析》，华夏出版社，2002，第21页。
④ 陈伟东、李雪萍：《社区治理与公民社会的发育》，《华中师范大学学报》（人文社会科学版）2003年第1期。
⑤ 张网成、陈涛：《论我国城市社区公共服务的内涵与外延》，《中国青年政治学院学报》2010年第2期。
⑥ 杨术、张晓磊：《社区公共产品供给的多维模式探析》，《中共云南省委党校学报》2006年第2期。
⑦ 卢爱国、曾凡丽：《社区公共事务的分类与治理机制》，《城市问题》2009年第11期。
⑧ 王向南、金喜在：《城市社区公共服务模式治理与优化——基于三大失灵理论的分析》，《税务与经济》2015年第3期。

最后，社区公共服务从外部性的角度分为外溢性社区公共服务和非外溢性社区公共服务。刘楠楠认为社区公共服务的外溢性要求上级政府在公共服务中承担相应责任以及鼓励社区之间进行协作。[①] 社区公共服务由于不同的社区在人口、经济、区域位置、社区文化等方面的差异，还可以划分为城市社区公共服务和农村社区公共服务。

借鉴国内外文献关于社区公共服务的界定以及中国社区公共服务的实践，本研究将社区公共服务定义为以政府为主导的多元主体在社区范围内为全体社区居民提供的社区政务公共服务、社会性公共服务、社区自治公共服务，包括城乡社区就业、社会保障、社区医疗卫生、社区社会服务、社区文化、社区教育、社区计划生育、社区法律、社区安全等方面的非经济性的公共服务。

（二）社区公共服务的供给效率

供给效率是公共经济学最核心的概念之一，用来衡量公共服务供给中投入与产出之间的关系，其最核心的思想是如何使公共服务资源得到最大限度的有效利用。斯密在《国富论》一书中提出市场作为无形的手对社会分工的水平和程度有重要的影响，而社会分工直接与效率相关，分工越是深入，越能够促进资源的合理配置和优化，因而市场具有配置资源、提升效率的功能。[②] 这是对效率概念较早的论述。边际学派从效用的角度，借用边际工具来分析投入与产出的关系，其主要观点是在一定的约束下，资源投入有效率的条件是边际成本等于边际收益。[③] 例如，凯恩斯关于资本最优边际效率的定义就是遵照的这个观点。边际学派关

---

① 刘楠楠：《新型社区公共产品有效供给机制研究》，博士学位论文，西南财经大学，2013。
② 〔英〕斯密：《国富论》，谢祖钧译，河南文艺出版社，2014，第580～583页。
③ 〔美〕豪伊：《边际效用学派的兴起》，晏智杰译，中国社会科学出版社，1999，第58～63页。

于效率的分析已然涉及了经济学关于"经济效率"的议题,即消费者保证花费在最后一单位物品上的效用最大化,或者是保证效用不变的前提下投入最小化。萨缪尔森首次从公共物品效率角度进行了分析,他在《公共支出的纯理论》一文中提出公共物品的最佳配置条件,即萨缪尔森条件:为了获得一单位的公共物品,社会所有成员愿意放弃的私人产品的总量正好等于为了多生产一单位的公共产品量放弃的私人物品量。[①] 以社区公共服务为例,假设社区有 n 个居民,每个居民的预算收入为 I,社区公共文化的价格是 P_a,其他私人产品的价格是 P_b,第 m 个居民对社区公共服务的支出是 c_m,其他私人物品的支出是 e_m。社区公共服务总供给应是每个居民在社区公共服务支出的加总,即 $C = \sum_{m=1}^{n} c$。对于每一个居民来说,选择的最优策略可以用拉格朗日函数表示:

$$L_m = u_m(e_m, C) + \lambda(I_m - p_a c_m - p_b c_m)$$

经过求偏导,得到均衡条件:

$$\frac{\partial u / \partial C}{\partial u / \partial e} = \frac{P_a}{P_b}$$

N 个均衡条件得到的纳什均衡为:

$$c^* = (c_1^*, \cdots c_m^*, \cdots c_n^*), C^* = \sum_{m=1}^{n} cm^*$$

可以推出,私人物品可以分割,因而居民对私人物品的总需求是个人需求的水平加总。但是公共服务没法分割,每一个居民的个人消费就等于集体消费,只要有人供给,自己就能够消费而不付出成本,居民对于社区公共服务的总需求是个人需求的垂直加总。布坎南认为萨缪尔森关于公共物品的讨论并没有涉及社区公

[①] Samuelson, P. A., "The Pure Theory of Public Expenditure," *The Review of Economics and Statistics*, Vol. 36, No. 4 (1954), pp. 387 – 389.

共产品这一特殊性物品,他在《俱乐部的经济理论》一文中提出,社区公共产品是典型的俱乐部物品,为了避免拥挤性问题带来的浪费,需要合理控制成员的规模,这样才能够达成帕累托最优。他认为从规模上看,俱乐部最优成员的规模应该是增加一个成员带来的边际效用与每个成员增加的边际成本相等。从产品数量看,俱乐部最优产品的数量应是生产一单位产品所花费的边际成本与所有成员同时消费时所获得边际收益相等。[1]

维克塞尔认为要实现公共服务效率最大化,需要考虑集体的需求是否能真实显示以及采用怎样的选择进行公共选择。他认为在一个民主社会,政府供给公共物品应按照收益贡献一致原则,在全体社会成员一致同意的情况下进行集体的选择,这种供给方式可以实现社会效用最大化。[2] 社区公共服务的供给也应该遵循收益贡献一致原则,并经过社区成员的一致同意。其学生林达尔进一步提出公共物品的需求与供给均衡点应是在个人在新增某一单位的公共物品上承担的成本与所获得的边际收益正好相等的那个点,由此提出了公共物品供给的合理水平与承担的赋税之间应相匹配的原则。[3] 维克塞尔-林达尔均衡实际上要求社会成员个人明确表达其偏好,将公共物品的成本承担与政治决策过程联合起来,在此基础上以确定公共物品的供给水平。政府如果能够以这种供给水平提供社区公共物品,则可达到帕累托最优。

福利经济学派从社会整体福利的角度来分析效率,并提出了效率的标准。帕累托对于效率的贡献在于提出了效率的衡量标准

---

[1] Buchanan, J. M., "An Economic Theory of Clubs," *Economica*, Vol. 32, No. 125 (1965), pp. 1 – 14.

[2] Wicksell, K., "A New Principle of Just Taxation," in Musgrave, R. A., Peacock, A. T., eds., *Classics in the Theory of Public Finance* (London: Palgrave Macmillan, 1958), pp. 72 – 118.

[3] Lindahl, E., "Just Taxation—A Positive Solution," in Musgrave, R. A., Peacock, A. T., eds., *Classics in the Theory of Public Finance* (London: Palgrave Macmillan, 1958), pp. 168 – 176.

"帕累托最优",即一种资源配置状态,任何改变资源的分配都不会使一个人的效用增加的同时又不使其他人的效用减少。卡尔多-希克斯效率是指资源分配使得社会中一部分人获得的福利超过社会中另一部分人损失的福利,那么这就存在效率增加,但是现实中福利获利的人不会主动补偿福利亏损的人,可能短期内部分人会利益受损,但是从长期来看,只要社会生产率的提升使得社会整体的福利得到提升,就会自动补偿福利受损的那部分人,即存在帕累托改进。庇古(Pigou)在其《福利经济学》一书中提出社会生产要达到最优配置,需要使得边际个人净产品与边际社会净产品相等,但是由于外部性的存在,当边际个人净产品与边际社会净产品存在不均衡时,政府需要通过征税减少生产或者通过补贴增加生产。[①]

法雷尔(Farrell)借用生产前沿模型来衡量经济效率的高低,并明确提出经济效率这一概念。他认为经济效率可以分为技术效率和配置效率。技术效率聚焦于投入与产出的比例,可以分为纯技术效率和规模效率。纯技术效率是指在生产既定情况下,实际投入量与生产前沿面投入数量的比例,或者是在投入既定情况下,实际生产量与生产可能最大量之间的比值。规模效率是指在生产既定情况下,技术边界点上的投入量与最优规模下投入量的比值,或者是在投入既定情况下,技术边界点的最大生产量与最优规模下生产量的比值。而配置效率应聚焦于如何优化资源的投入和产出,即如何使用最佳的生产要素投入进行生产。[②] 安德鲁斯(Andrews)等对公共服务的效率概念进行了深入的研究,他们认为供给公共服务需要关注"谁来供给?为谁供给?怎样供

---

① 〔英〕A. C. Pigou:《福利经济学》(上册),陆民仁译,台湾银行经济研究室,1971,第173~180页。
② Farrell, M. J., "The Measurement of Productive Efficiency," *Journal of the Royal Statistical Society*, Vol. 120, No. 3 (1957), pp. 253-290.

给?"三个问题,而要解决这三个问题,实际上涵盖了生产效率、配置效率、分配效率、动态效率四个标准。生产效率聚焦于投入与产出的比例,即经济有效性;配置效率讨论供给与需求的关系,即供需匹配性,而满意度、用脚投票机制、政治的民主改革对其有重要影响;分配效率关注在财政约束下,服务通过转移支付和福利支出在不同群体中的配给,即社会有效性;动态效率聚焦于当期与未来消费之间的平衡关系,即动态平衡性。[1]

本研究主要借鉴法雷尔的观点,将社区公共服务供给效率定义为以实现社区公共服务以最小的投入实现最优的结果为目的,社区公共服务多元供给主体供给社区公共服务的实际产出与可能的最优产出之间的比值。

(三) 项目

项目是指在一个明确的目标下,在规定的时间、预算、资源限定内,依据要求和规范完成的一系列复杂并相关联的活动。[2]项目遵从一事一议原则,具有强烈的事本主义特点,其项目目标、操作实施流程、项目监管和评估方式都有具体且详细的规定。项目的目标性、技术性、时效性使其具有较大的优势,因而被广泛应用于政府购买社区公共服务中。从政府购买社区公共服务的历程可以发现,项目逐步在取代传统的直接资助方式、岗位购买方式。

从1995年上海浦东区首次购买社区公共服务以来,政府围绕着如何更好地优化社区公共服务资源以提升服务效率而大费脑筋,相继出台了一系列政策对购买方式和形式进行规范。2013年,国务院办公厅出台《关于政府向社会力量购买服务的指导意

---

[1] Andrews, R., Entwistle, T., "Four Faces of Public Service Efficiency," *Public Management Review*, Vol. 15, No. 3 (2012), pp. 246 – 264.
[2] 戚安邦主编《项目管理学》,南开大学出版社,2003,第12页。

见》，指出政府选择承接服务主体可以采用合同招标、邀请招标、竞争性谈判等多种形式。① 2014年，财政部、民政部和工商总局联合出台了《政府购买服务管理办法（暂行）》②，更是明确指出应根据项目的需求特点，采取购买、委托、租赁、特许经营、战略合作等多种形式。紧接着，《财政部 民政部关于支持和规范社会组织承接政府购买服务的通知》规定应考虑公共项目特点，优化项目管理。③ 这一系列政策对政府购买社区公共服务的形式做出了明确的规定，也对社区公共服务的供给方式产生了深远的影响。

目前，政府购买社区公共服务的方式大致划分为三类，即购买项目、购买岗位以及直接资助。购买项目是指政府根据社区成员需求，制定政府购买社区公共服务项目指南，明确购买的内容、数量和标准，通过定向或者招标的方式选择社会组织并进行财政拨款。目前在社区实践较多的公益创投采用的也是购买项目的方式，即政府规定服务领域和服务人群，社会组织经过调研获得服务需求，进行项目设计，通过政府评审并获得资金支持的方式。购买项目的优点是一事一议，可在限定时间内促进目标的有效达成，但是项目存在不可持续性以及单纯追求指标的偏好。

购买岗位主要是指政府制定购买的成本和标准，向专业的社会组织购买岗位进行社区公共服务的提供。这种方式根据购买合同，要求岗位人员协助政府提供社区公共服务，但不占用原本的行政编制和事业编制。例如，深圳近年来积极推动购买岗位社工，价格标准则参照事业单位专业技术人员薪资。购买岗位的优

---

① 《国务院办公厅关于政府向社会力量购买服务的指导意见》，http://www.gov.cn/zwgk/2013-09/30/content_2498186.htm，最后访问日期：2020年6月17日。
② 《财政部印发〈政府购买服务管理办法（暂行）〉通知》，http://www.gov.cn/xinwen/2015-01/04/content_2799671.htm，最后访问日期：2020年6月17日。
③ 《财政部 民政部关于支持和规范社会组织承接政府购买服务的通知》，http://www.ccgp.gov.cn/gpsr/zcfg/201710/t20171009_8948696.htm，最后访问日期：2020年6月17日。

点是财政资金较为稳定和持续，也能解决长期以来政府养人过多导致财政资金刚性需求增加的问题，但是容易造成政府垄断，导致社会组织迎合政府的偏好。

直接资助是指政府根据服务组织在社区提供的公共服务数量和质量进行直接拨款资助，以奖代补或者是提供场地、优惠政策，如对于社区养老社会组织按照床位予以补贴，税收优惠甚至减免，为社会组织免费提供办公场所等。

在这三种购买方式中，项目购买更能体现目标性、时效性、规范性、技术性，逐渐演化为政府购买社区公共服务最主要的形式，也成为目前城市社区、农村社区公共服务最值得重视与研究的供给方式。

在学理层面，关于项目的研究已逐步成为社会科学探讨的一个重点内容，在这些研究中，项目已经突破单纯的技术手段，被看成一种国家治理模式、一种突破单位制制约的机制[1]、一种解决基层公共服务问题的重要机制。[2] 项目的优势在于可以突破单位制体系框架，对完成项目目标起到较好的资源配置作用。国家通过项目绕开原有的科层体系，集中调配人力、资金，以"锦标赛"[3]的形式实现多线动员。陈家建对一个社会管理项目进行了研究，发现项目的高度动员机制以及相应的治理技术，可以高效地整合目标，使不同的部门、不同的层级暂时形成一个目标一致的利益共同体，集中资源共同推动项目发展，使项目在短期见效，提升效率。[4]

---

[1] 渠敬东：《项目制：一种新的国家治理体制》，《中国社会科学》2012年第5期。
[2] 周飞舟：《财政资金的专项化及其问题 兼论"项目治国"》，《社会》2012年第1期。
[3] 周黎安：《中国地方官员的晋升锦标赛模式研究》，《经济研究》2007年第7期。
[4] 陈家建：《项目制与基层政府动员——对社会管理项目化运作的社会学考察》，《中国社会科学》2013年第2期。

本研究在综合国内实践以及相关研究的基础上，将"社区公共服务项目"界定为以提升社区公共服务供给效率为目标，按照项目的运作逻辑在既定的时间按照既定要求和规范进行社区公共服务供给的一系列制度安排。

二 相关理论基础

（一）委托－代理理论

委托－代理理论作为契约经济学的核心内容之一，主要讲在信息不对称的条件下，委托人如何选择最好的激励合约来促进代理人选择实现自身利益的同时，更好地实现委托人的利益的行动。这种激励相容的契约能促使代理人选择委托人希望的努力水平，规避道德风险与逆向选择问题。霍姆斯特姆（Holmstrom）和米尔格拉姆（Milgrom）认为委托－代理关系并不单一，在现实中存在多任务委托－代理关系，他们对其进行了深入的研究并构建了相应的模型，认为如果对不同的任务设置相同的激励，代理人容易选择较为容易度量的任务。[1] 同时，对于激励相容制度的设计，除了显性激励之外，合约的长期性、代理人的声誉等隐性激励因素都要被考虑在内。

在我国，政府供给社区公共服务主要是通过社区"两委"的干部来具体执行，政府与社区"两委"在社区公共服务供给上有明确的委托－代理关系。1989年的《中华人民共和国城市居民委员会组织法》明确了居民委员会是"基层群众性自治性组织"以及有协助政府和政府派出机关即街道办事处做好社区公共服务的

---

[1] 吕鹏、陈小悦：《多任务委托－代理理论的发展与应用》，《经济学动态》2004年第8期。

工作。① 这为社区居委会成为基层政府的直接代理人提供了法律依据。

由于社区公共服务涵盖内容很广，且部分内容难以测量，作为社区公共服务代理人的社区"两委"干部在缺乏相容的政策激励下，容易引发道德风险与逆向选择问题从而导致社区公共服务效率的损失。在对地方官员的激励中，经济激励和政治激励是通常使用的手段。从经济激励上看，由于社区公共服务的非经济属性，基层政府对于社区"两委"干部的经济激励强度非常弱。而在政治激励上，社区不属于政府的行政架构的一级，也难以实行政治激励。为了有效激励社区"两委"干部，在实践层面，部分地方政府出台了将社区"两委"干部纳入事业单位编制或者行政编制的政策，试图通过这种激励政策来提高社区"两委"干部供给社区公共服务的效率。因而在分析社区公共服务效率的影响因素时，不能忽略社区干部激励政策的作用。而委托－代理理论从激励的角度正好为研究社区公共服务的影响因素提供了重要的理论视角。

（二）多中心理论

奥斯特罗姆提出的多中心理论回应了公地悲剧和集体性行为困境等问题，提出单一的市场化机制和政府机制都存在失灵的问题，具有较高的交易成本，难以实现资源的优化配置，而社群成员之间在长期的生活中所形成的规则意识以及相互的信任关系等具有较大的优势，能够解决承诺问题、监督问题。多中心理论主张多元化治理主体。在城市警察公共服务的例子中，可以发现在地方性公共服务的供给中，由于政府存在信息不完全、垄断、部门利益最大化等问题而无法达成帕累托最优。而

---

① 《中华人民共和国城市居民委员会组织法》，http：//www.npc.gov.cn/wxzl/gong-bao/1989－12/26/content_1481131.htm，最后访问时间：2020 年 6 月 17 日。

警察公共服务以集体消费为单位，其生产函数受到集体成员的影响，需要集体成员的协作，中小规模的警察机构更适合提供直接性服务。这种公共服务产出难以衡量，而集体成员相对于政府更能了解辖区单位警察公共服务的绩效，同时，多个辖区单位之间的警察公共服务相互竞争，这些都有利于提升财政绩效。同时，生产者不仅限于政府，可以是企业、第三部门，这些单位之间需要通过相互协作才能获得公共利益。这种多元供给机制有利于发挥组织、信息、资金等方面的优势，降低交易成本和转换成本。[①]

张开云认为阻碍中国农村社区公共服务供给效率提升的最主要问题是政府、市场、社区这三大供给主体之间的合作协调机制尚未形成。传统的自上而下的决策机制忽略了农民的需求表达，社区财权与事权的不匹配导致资金的缺乏。因而，需要建立有效的协调机制，协调好政府、市场、社区这三大供给主体。[②] 霍秀红、杨艳玲认为社区公共服务的供给方式包括以产前契约的形式明确社区成员的需要，组建私人管理机构减少交易成本，鼓励自愿供给。社区供给的优势在于能够通过民主表达机制显示社区中个人的偏好，以自愿原则为基础保证居民对公共产品供给过程的了解，以获取最大利润为标准。[③] 李雪萍主张不同主体或者公共服务的不同部分应采取多样化的供给机制。[④] 于燕燕认为百步亭社区公共服务成功的关键在于以居民需求为基础，政府的行政机制、市场化机制、居民的志愿机制之间相互配合，从

[①] 〔美〕埃莉诺·奥斯特罗姆、帕克斯、惠特克：《公共服务的制度建构——都市警察服务的制度结构》，宋全喜、任睿译，上海三联书店，2000，第120～153页。

[②] 张开云：《农村社区公共服务：现实困境与理性选择》，《马克思主义与现实》2010年第1期。

[③] 霍秀红、杨艳玲：《我国城市社区公共产品供给体制探析》，《中共青岛市委党校－青岛行政学院学报》2006年第4期。

[④] 李雪萍：《城市社区公共产品供给机制论析》，《社会科学研究》2009年第3期。

政企合作社区逐步过渡到自治型社区。① 胡祥认为社区公共服务的供给模式包括政府直接供给、政府间接供给、集体合作供给、市场供给、自愿服务供给这五种供给模式。② 王春婷认为公共服务的资源配置主体目前转向政府、市场与社会组织,应加大这三方之间的协作力度。③

多中心理论认为政府、市场、社区在组织、信息、资金等方面有着不同的优势,主张政府、市场、社区多元供给主体之间应相互配合,借以解决单一供给主体效率低下的问题。本研究将效率界定为社区公共服务多元供给主体供给社区公共服务的实际产出与可能的最优产出之间的比值,将政府供给社区公共服务的资金投入、集体经济供给社区公共服务的资金投入、社区供给社区公共服务的资金投入纳入模型中进行分析。从研究结果来看,城乡社区公共服务的总体效率并不理想,特别是社区公共服务供给主体单一的社区。这充分说明要提高社区公共服务供给效率,需要加强多元供给主体之间的合作,充分发挥多元供给主体的资源优势。可以说,多中心理论为本研究在对策建议部分解决社区公共服务供给效率低下问题提供了有效的思路。

(三) 社会资本理论

布尔迪厄认为,这种社会资本理论是"一种与社会关系网络密切相关的实际或潜在的资源的集合"。④ 科尔曼(Coleman)认

---

① 于燕燕:《社区公共服务模式的思考——百步亭社区公共服务的启示》,《学习与实践》2007年第7期。
② 胡祥:《城市社区治理内涵研究》,《理论月刊》2009年第8期。
③ 王春婷:《政府购买公共服务绩效与其影响因素的实证研究——基于深圳市与南京市的调查分析》,博士学位论文,华中师范大学,2012,第78页。
④ 包亚明主编《文化资本与社会炼金术——布尔迪厄访谈录》,包亚明译,上海人民出版社,1997,第202页。

为社会资本应包括权威关系、信任关系。① 布尔迪厄与科尔曼将社区社会资本定义为一种重要的资源,且这种资源存在于人与人之间的关系网络中。那么,社区社会资本可以理解为社区居民在长期的交往和互动中所形成的信任、互惠等资源。帕特南以意大利中北部地区为例,进一步证实了这种资源能够增进成员之间的合作,促进集体行动的达成。缺乏社会资本的地区,成员之间难以合作,公共产品的供给困难。② 社会资本的经典研究突破了经济学的"理性经济人"假设,将"社会人"的一面纳入公共服务供给的分析中,对于走出社区公共服务的自愿供给的困境提供了重要的解决思路。

帕特南的研究结论在中国也得到了证实。例如,陈雷、仝志辉以甘东用水协会为例,探讨了科层制、市场、自组织这三种机制如何推动民众的合作。③ 特别指出,用水协会这样的社会组织,由于社会资本的缺乏,农户之间缺乏普遍的信任和规范,也无法形成互助网络,无法实现公共产品的有效供给。吴件等从社区互惠规范、社区互动参与网络以及社区信任三个维度对三种不同类型的社区进行了社区社会资本的测量,研究结果显示,社区社会资本的缺乏会导致社区公共服务自愿供给无法实现。④ 因此研究者纷纷认为要实现社区公共服务自愿供给,需要积极构建社区社会资本。孙璐认为应将培育和提升城市社区社会资本作为解决社

---

① Coleman, B. J. , "Social Capital in the Creation of Human Capital," *The American Journal of Sociology*, Vol. 94, Supplement: Organizations and Institutions: Sociological and Economic Approaches to the Analysis of Social Structure. (1988), pp. 95 – 120.

② 〔美〕罗伯特·D. 帕特南:《使民主运转起来——现代意大利的公民传统》,王列、赖海榕译,江西人民出版社,2001,第 195 页。

③ 陈雷、仝志辉:《社会资本与社会组织运转——以甘东用水协会为例》,《公共管理学报》2008 年第 3 期。

④ 吴件、高琛卓、杨再苹:《城市社区社会资本及其内部关系研究》,《改革与开放》2015 年第 9 期。

区公共服务效率问题的有效路径，积极发展社会组织，重建平等的社会规范。① 赵罗英、夏建中也认为多元社区治理网络的形成，有助于社区社会资本的提升。② 王亮认为社区社会资本能提升居民的社区归属感及凝聚力。③ 陈健民、丘海雄认为以往单位制自上而下的垂直领导会导致"搭便车"、道德风险等问题，而社团建立起的横向联系有利于促进人际沟通合作、平等交换以及互信。④ 从相关研究可以发现，社区公共服务社区成员合作供给仅仅靠市场的手段会陷入集体行动的困境，而社区中居民之间的互惠和互信是一种约束机制，居民会基于预期进行长期重复博弈，降低交易成本，从非合作博弈走向合作博弈，解决集体行动中的"搭便车"行为。廖媛红发现村民对于社区公共服务自愿供给的认知和参与程度与社区公共服务的自愿供给水平显著相关。⑤

社会资本理论认为社区居民的日常互动、相互信任和互惠所形成的社区社会资本能够有效增强社区的凝聚力和归属感，能够促进社区居民集体行动的达成，有利于社区公共服务效率的提升。要促进社区社会资本的形成，需要以社区社会组织为载体，促进居民之间的互动。我国长期以来形成的"总体性社会"结构导致社会组织发育迟缓，在文化、政治、社会等多重因素的影响下，政府成为培育与发展我国社会组织的主体，通过培育和发展社区社会组织来为社区居民提供公共服务。本研究以社会资本理

---

① 孙璐：《缺失与重建：中国城市社区社会资本探析》，《云南社会科学》2007年第3期。
② 赵罗英、夏建中：《社会资本与社区社会组织培育——以北京市D区为例》，《学习与实践》2014年第3期。
③ 王亮：《社区社会资本与社区归属感的形成》，《求实》2006年第9期。
④ 陈健民、丘海雄：《社团、社会资本与政经发展》，《社会学研究》1999年第4期。
⑤ 廖媛红：《农户对农村公共品的自愿供给行为及其影响因素研究——以北京地区农民为例》，《经济社会体制比较》2016年第4期。

论为支撑，在构建 DEA 模型的产出变量时，将社区社会组织发展服务纳入模型中，切实符合中国社区公共服务的现实情况。同时，社区社会资本的构建能够促进社区公共服务自愿供给的达成，有利于社区公共服务效率的提高，因而本研究的对策部分也将其作为重要的思路来进行探讨。

（四）新公共管理理论

新公共管理理论为购买社区公共服务提供了理论支撑。新公共管理理论主张政府要以公共利益最大化为目标，从满足民众的实际需求出发，通过引入市场机制来转变原有的行政职能，转变原有的"划桨者"角色，真正提升公共服务绩效。[1] 政府在供给公共服务上，应通过竞争机制降低生产成本，更快速有效地回应民众需求，通过购买市场服务的方式来进行社区公共服务供给，将责任限定在提供规则、明确监管与评估上，而不是具体的服务生产中。同时，政府内部也应引入激励和竞争机制，解决行政效率低下的问题。[2] 奥斯本等从企业精神出发，发现应建立分权型的机构，主张应由社区政府供给公共物品。这种更基层的政府更能实现组织间的协同，更加灵活，更易创新，能更清楚社区的问题，实现资源的优化配置。[3]

政府购买社区公共服务是指政府不再依赖于传统的行政机制进行社区公共服务的供给，而是根据社区居民的需要，以合同的方式将社区公共服务交由第三方来生产，根据第三方提供社区公

---

[1] 〔美〕拉塞尔·M. 林登：《无缝隙政府——公共部门再造指南》，汪大海、吴群芳等译，中国人民大学出版社，2014，第 45 页。

[2] Kamensky, J. M., "Role of the 'Reinventing Government' Movement in Federal Management Reform," *Public Administration Review*, Vol. 56, No. 3 (1996), pp. 247-255.

[3] 〔美〕戴维·奥斯本、特德·盖布勒：《改革政府：企业精神如何改革着公营部门》，上海市政协编译组、东方编译所编译，上海译文出版社，1996，第 205 页。

共服务的质量和数量，来支付服务费用，借此有效地控制政府规模、节约成本、促进竞争、及时回应居民需要。保证政府有效进行社区公共服务购买的前提是服务对象明确、服务标准清晰、监管成本低、竞争充分、有法制与制度保障。[①] 然而，这在现实中很难实现，因而并不是所有的社区公共服务都能进行购买，一些研究从交易费用理论的角度提出，服务质量可测性、交易成本高低、资产专用性是重要的分割标准，服务质量难以测度、交易成本高、资产专用性高的社区公共服务不能进行外包。威尔逊认为是否进行外包的依据是合同管理费用和内部管理费用之间的比较。[②] 句华也主张进行社区公共服务外包的成本比较和分析，认为只有购买服务成本低于直接供给成本的社区公共服务才能推向市场。[③] 由于社区公共服务具有一般公共物品所不具备的无形性、模糊性、专业性等特征，其价格与质量标准难以衡量，服务过程难以进行有效监管。政府在公共服务对合同外包的监管上缺乏激励机制以及相应的专业化人员，无法有效对社会组织的资质、信誉、专业能力进行甄别，造成公共服务效率的损失。[④] 詹国彬就发现公共服务合同外包与市场竞争程度、政府的监管能力密切相关，强调应从增强市场竞争性和加大监管力度入手提升效率。[⑤] 政府内部部门之间的利益冲突等导致资源的最优配置无法达成，政府购买公共服务会面临更复杂的管理问题，会面临多重结构的

---

① 冯俏彬、郭佩霞：《我国政府购买服务的理论基础与操作要领初探》，《中国政府采购》2010 年第 7 期。
② 马骏、叶娟丽：《西方公共行政学理论前沿》，中国社会科学出版社，2004，第 53 页。
③ 句华：《公共服务合同外包的适用范围：理论与实践的反差》，《中国行政管理》2010 年第 4 期。
④ Johnston, J. M., Romzek, B. S., "Contracting and Accountability in State Medicaid Reform: Rhetoric, Theories, and Reality," *Public Administration Review*, Vol. 59, No. 5 (1999), pp. 383 – 399.
⑤ 詹国彬：《公共服务合同外包的理论逻辑与风险控制》，《经济社会体制比较》2011 年第 5 期。

委托－代理关系代理的风险。政府作为理性经济人，并不天然以实现社会最大福利为目标。

新公共管理理论认为政府应通过市场机制来降低社区公共服务的生产成本，增强回应居民需求的及时性和有效性。但是政府将社区公共服务外包，并不意味着放手，若要提升社区公共服务的效率，政府不仅需要提升自身的合同监管能力，加大对社区公共服务外包的考核、检查和督促力度，同时还要注意对自身的监管，制定法规和政策制约官员的寻租行为。目前，在社区公共服务供给实践中，政府加大了购买社区公共服务的力度，目的是引入市场机制来促进社区公共服务效率的提升。但是，政府缺乏合同监管的能力，加之官僚机构自身的问题，这些都阻碍了社区公共服务效率的提高。而新公共管理理论正好从政府监管以及社区公共服务市场化的角度为本研究提出社区公共服务的对策建议提供了重要的理论支撑。

（五）新公共服务理论

新公共服务理论认为公共服务的供给中，在注重经济效率的同时，应更重视公民参与和公民权利，强调社区参与和政府责任。社区是培养社区责任感、人际信任，解决个人与集体冲突的基本场域。民主政府的职责是"划桨"，即积极促进政府与社会的互动和合作，政府若仅仅用市场化的方式来推动公共服务效率的提升，只会损失更多的公平与效率。政府不仅需要对政府官员进行公共服务观的培养，也应该提供更多制度来保障公民的权利，增加公民参与公共事务的机会。田华从社区公共服务绩效的角度，提出政府是社区公共服务的责任主体，应以社区居民为本，强调效率、效益、居民满意度和公平原则。[①] 周俊强调居民

---

① 田华：《论政府社区公共服务绩效评估体系的构建》，《理论界》2007年第8期。

参与的重要性，特别是参与决策过程的重要性，主张保障居民的参与权利。[①] 邓纳姆（Dunham）认为提升社区公共服务效率的前提是培养居民参与社区公共服务的意识和能力。[②]

新公共服务理论认为在社区公共服务的供给中，应赋权给居民，注重社区公共价值观的培育以及居民对社区公共服务的参与。只有社区居民真正参与，包括参与到社区公共服务的需求显示、分配、决策等事项中，才能够有效提高社区公共服务的效率。因而，本研究以新公共服务理论为指导，在分析社区公共服务的影响因素时，将社区参与纳入模型分析中。同时，针对社区参与的现状，提出了相应的对策建议。

三 效率评价：三阶段 DEA 模型

传统的 DEA 模型最早由查恩斯（Charnes）等提出，运用统计学数据包络的分析方法来评价多投入多产出的效率问题。具体来说，就是将决策单元投影到 DEA 的前沿面，通过比较决策单元与前沿面的实际偏离程度来评价不同决策单元的相对效率。[③] 然而，这种方法无法剔除外在环境因素和随机因素的影响，因而容易造成效率评价结果的偏差。班克尔（Banker）等认为可以通过两阶段 DEA-Tobit 模型，即将传统 DEA 模型分析后的效率作为因变量，将外在的环境因素作为解释变量，运用 Tobit 回归来分析效率的外在影响因素，但是 DEA-Tobit 模型仍然无法排除随机因

[①] 周俊：《政府购买公共服务的风险及其防范》，《中国行政管理》2010 年第 6 期。

[②] Dunham, H. W., *Community and Schizophrenia: An Epidemiological Analysis* (Michigan: Wayne State University Press, 1965), pp. 84–91.

[③] Charnes, A., Cooper, W. W., Rhodes, E., "Measuring the Efficiency of Decision Making Units", *European Journal of Operational Research*, Vol. 2, No. 6 (1978), pp. 429–444.

素和外在环境因素的影响。[1] 弗瑞德（Fried）等认为三阶段 DEA 模型具有传统 DEA 模型和 DEA-Tobit 模型不具有的优势，通过传统 DEA 模型和 SFA 模型可以将环境因素、管理因素以及随机因素进行分离，能够反映更真实的效率评价结果。[2] 本研究采用三阶段 DEA 模型对城市社区公共服务供给效率做出科学的评价，以期了解社区公共服务的真实效率以及相关的影响因素。

（一）第一阶段：传统 DEA 分析的 BBC 模型

根据规模报酬是否可变，传统 DEA 分析采用 CCR 模型和 BBC 模型。CCR 模型从产出导向角度，假设规模收益不变（CRS），即具有多投入多产出的决策单元，无论投入的规模大小或者是否变动，对于效率不会有任何影响，因而得出的效率为综合效率。而 BBC 模型从投入导向角度，假设规模报酬可变（VRS），效率受到规模的影响，因而得出的效率包括技术效率和规模效率。由于社区公共服务效率受到规模大小的影响，评价社区公共服务效率通常采用投入导向角度的 BBC 模型。本研究采用投入导向的 BBC 分析法（规模报酬可变），用于评价各社区公共服务的综合效率、纯技术效率和规模效率。

假设有 N 个社区（决策单元，DUM），每个社区有 m 个投入变量，n 个产出变量。第 j 个社区投入向量为 $x_j = (x_{1j}, x_{2j}, \cdots, x_{nj})^T > 0$，同样第 j 个社区输出向量为 $y_j = (y_{1j}, y_{2j}, \cdots, y_{nj})^T > 0$。$p_i$ 为第 i 种投入变量的权重系数，$p = (p_1 + p_2 + \cdots + p_n)^T$；$o_r$

---

[1] Banker, R. D. et al., "A Comparison of DEA and Translog Estimates of Production Frontiers Using Simulated Observations from a Known Technology," In Dogramaci, A., Färe, R., eds., *Applications of Modern Production Theory: Efficiency and Productivity* (Dordrecht: Springer, 1988), pp. 33–64.

[2] Fried, H. O. et al., "Accounting for Environmental Effects and Statistical Noise in Data Envelopment Analysis," *Journal of Productivity Analysis*, Vol. 17, No. 2 (2002), pp. 157–174.

为第 r 种产出变量的权重系数，$o = (o_1 + o_2 + \cdots + o_r)^T$。那么产出变量与投入变量比的相对效率指数为：

$$h_j = \frac{\sum_{r=1}^{s} o_r y_{rj}}{\sum_{i=1}^{m} p_i x_{ij}}, j = 1, 2, \cdots, n$$

以第 j_0 个 DUM 的效率指数为目标，以所有决策单元的效率指数为约束，得到 CCR 模型：

$$\begin{cases} \max h_{jo} = \dfrac{\sum_{r=1}^{s} o_r y_{rjo}}{\sum_{i=1}^{m} p_i X_{ijo}} \\ s.t. = \dfrac{\sum_{r=1}^{s} o_r y_{rj}}{\sum_{i=1}^{m} p_i X_{ij}} \leq 1, j = 1, 2, \cdots, n \\ o \geq 0 \\ p \geq 0 \end{cases}$$

此式可以转化为规划模型 R，令 $t = \dfrac{1}{p^T x_0}, w = tp, \mu = to$，可以得到模型 R：

$$\begin{cases} \max h_{jo} = \mu^T y_o \\ s.t. \ W^T X_j - \mu^T y_j \geq 0, j = 1, 2, \cdots n \\ W^T X_o = 1 \\ W \geq 0, \mu \geq 0 \end{cases}$$

利用线性规划的对偶理论，可以将规划 R 转化为对偶规划：

$$\begin{cases} \min \theta \\ s.t. \ \sum_{j=1}^{n} \lambda_j X_j \leq \theta X_0 \\ \sum_{j=1}^{n} \lambda_j y_j \geq y_o \\ \lambda_j \geq 0, 且 \theta 无约束 \end{cases}$$

为了更方便地进行计算，查恩斯引入非阿基米德无穷小量 ε，得到投入导向下的 DEA 模型。同时引入松弛变量 s^+ 和剩余变量 s^-。那么，投入导向下对偶规划 D 的 BCC 模型可表示为：

$$\begin{cases} \min[\theta - \varepsilon(\sum_{j=1}^{m} s^- + \sum_{j=1}^{r} s^+)] \\ \sum_{j=1}^{n} X_j \lambda_j + s^- = \theta X_0 \\ \sum_{j=1}^{n} y_j \lambda_j - s^+ = y_0 \\ \lambda_j \geq 0, 且 \theta 无约束 \\ s^+ \geq 0 \\ s^- \geq 0 \end{cases}$$

运用此模型可以计算得到最优解 θ^*、s^{+*}、s^{-*}、λ^*。BBC 模型计算出来的效率值为综合效率（TE），可以进一步分解为规模效率（SE）和纯技术效率（PTE），TE = SE * PTE。假设对偶规划 D 的最优值为 θ^*，可以根据上式来判断 BBC 模型是否为综合技术有效：

（1）如果 $\theta^* = 1$，且 $s^+ = 0$，$s^- = 0$，那么 DUM 为 DEA 有效，且为综合效率，包括纯技术效率和规模效率都有效。

（2）如果 $\theta^* = 1$，且 $s^+ \neq 0$，$s^- \neq 0$，那么 DUM 为 DEA 有效，但综合效率，包括纯技术效率和规模效率都非最优。

（3）如果 $\theta^* < 1$，那么 DUM 不是 DEA 有效，且纯技术效率和规模效率都非最优。

λj 能够判断 DMU 的规模收益情况：

假设最优解为 λ^*，可以根据上式来判断 BBC 模型是否为规模效率有效：

（1）如果 $\sum \lambda j^* = 1$，那么 DMU 为规模收益不变。

（2）如果 $\sum \lambda j^* < 1$，则 DMU 为规模收益递增。

（3）如果 $\sum \lambda j^* > 1$，则 DMU 为规模收益递减。

第一阶段的主要目标实际上就是通过 BBC 模型计算出未对随机扰动、环境因素、管理因素进行剥离的综合效率值、纯技术效率值、规模效率值以及投入项的松弛变量。

(二) 第二阶段: 随机前沿分析法 (SFA)

艾格纳 (Aigner) 提出随机前沿分析法,在确定生产前沿的基础上,分解误差项对效率的影响,从而计算出真实的技术效率。[①] 误差项包括管理无效率项 u 和随机误差项 v。管理无效率主要是由技术因素、员工的努力程度、管理水平等引起的,可以被统称为技术无效率。而随机误差项主要是由不可控因素引起的,如气候、市场波动等。在随机前沿模型中,投入变量若为自变量,函数类型就是成本型函数;产出变量若为自变量,函数类型就是生产型函数。本研究从投入角度出发,因而采用成本函数。

假设 SFA 模型:

$Y_i = f(x_i, \beta) e^{-u_i} e^{v_i}$, 其中, Y_i 表示总产出, x_i 表示总投入, β 表示待估计参数, u_i 表示技术无效率项, v_i 表示随机误差项。

如果生产达到产出前沿面,且没有受到随机因素和管理因素的干扰,则 $e^{-u_i} e^{v_i} = 1$,但现实中难以达到产出前沿面。

如果生产函数采用道格拉斯函数,即 $f(x_i, \beta) = e^{\beta_0} x_{1i}^{\beta_0} \cdots x_{ki}^{\beta_k}$, 两边取对数,可以得到

$$\ln Y_i = \beta_0 + \sum_j \beta_j \ln x_{ij} + v_i - u_i$$

由于 $(v_i - u_i)$ 为混合扰动项,需要对其分布分别做假设,才能进行最大似然估计。假设 v_i 为随机误差项,符合正态分布,

---

[①] Aigner, R., "Evaluating the Cost-efficiency of the Italian Banking System: What can be Learned from the Joint Application of Parametric and Non-parametric Techniques," *Journal of Banking and Finance*, Vol. 21, No. 2 (1997), pp. 221 – 250.

u_i 为非负误差项，符合截断正态分布，v_i 与 u_i 相互独立。

弗瑞德提出，可以借用 SFA 回归来分离环境因素、管理因素以及随机因素对效率造成的影响，通过将环境因素和随机因素剔除，得到管理因素带来的效率影响。本研究在第一阶段采用的是投入导向的 BBC 模型，因而仅仅需要对投入变量的松弛变量进行 SFA 回归分析。在第一阶段已经计算得到了投入变量的松弛变量，松弛变量是原始投入与最优效率下的投入之间的差值，是环境因素、管理因素以及随机因素造成的。假设 $\lambda^* x_{ni}^*$ 为最优效率下的投入值，实际投入值为 x_{ni}，表示第 i 个 DUM 单元第 n 个投入，那么差值 $S_{ni} = x_{ni} - \lambda^* x_{ni}^* \geq 0$。那么在 SFA 回归中，运用在第一阶段获得的投入差值，先将环境因素与混合误差项进行回归，可以得到调整后的投入变量。

因而，在 DEA 分析的第二阶段，需要首先构造 SFA 回归函数：

$$S_{ni} = f(Z_i, \beta_n) + v_{ni} + u_{ni}$$
$$= \beta_0 + \beta_1 Z_1 + \beta_2 Z_2 + \cdots + \beta_n Z_n + v_{ni} + u_{ni},$$
$$n = 1,2,3,\cdots N, i = 1,2,3,\cdots N$$

其中，S_{ni} 是第 i 个 DUM 的第 n 项投入的差值；Z_i 是环境变量；β_n 是环境变量的系数；N 为环境变量的个数；v_{ni} 为随机误差项，表示随机误差对松弛变量的影响；u_{ni} 为管理无效率，表示管理因素对松弛变量的影响；$v_{ni} + u_{ni}$ 为混合误差项。其中，随机误差项 v_{ni} 服从正态分布，管理无效率 u_{ni} 呈截断性正态分布。v_{ni} 与 u_{ni} 独立不相关。

巴特西（Battese）和柯埃利（Coelli）认为可采用最大似然估计法来获得 β_n、σ^2、γ 等参数值。[①] 利用 Frontier 4.1 软件可以

[①] Battese, G. E., Coelli, T. J., "A Model for Technical Inefficiency Effects in a Stochastic Frontier Production Function for Panel Data," *Empirical Economics*, Vol. 20, No. 2 (1995), pp. 325 – 332.

进行计算。

SFA 回归的目的是将随机因素、环境因素分开来，调整的原则是使各决策单元处于同样的环境和机遇之下。调整投入项的公式为：

$$X_{ni}^A = X_{ni} + [\max(f(Z_i; \hat{\beta}_n)) - f(Z_i; \hat{\beta}_n)] + [\max(\nu_{ni}) - \nu_{ni}],$$
$$i = 1, 2, \cdots, I; n = 1, 2, \cdots, N$$

其中，X_{ni}^A 是调整后的投入，X_{ni} 是调整前的投入，$[\max(f(Z_i; \hat{\beta}_n)) - f(Z_i; \hat{\beta}_n)]$ 是将所有决策单元放置在同一环境下，$[\max(\nu_{ni}) - \nu_{ni}]$ 是将所有决策单元放置于同一运气水平下。

采用罗登跃[1]、陈巍巍等[2]的分离管理无效率项公式：

$$E(\mu \mid \varepsilon) = \sigma_* \left[\frac{\varphi(\lambda \frac{\varepsilon}{\sigma})}{\Phi(\frac{\lambda \varepsilon}{\sigma})} + \frac{\lambda \varepsilon}{\sigma} \right]$$

其中，$\sigma_* = \dfrac{\sigma_\mu \sigma_\nu}{\sigma}, \sigma = \sqrt{\sigma_\mu^2 + \sigma_\nu^2}, \lambda = \sigma_\mu / \sigma_\nu$。

再计算随机误差项 v：

$$E[v_{ni} \mid v_{ni} + \mu_{ni}] = s_{ni} - f(z_i; \beta_n) - E[u_{ni} \mid v_{ni} + \mu_{ni}]$$

（三）第三阶段：调整原始投入，重新进行 BBC 模型分析

把剥离了环境因素、随机因素的调整值再次进行投入导向的 DEA 模型运算，这样获得的效率能够更好地说明效率的差异是由管理因素造成的，更真实地反映效率情况。

---

[1] 罗登跃：《三阶段 DEA 模型管理无效率估计注记》，《统计研究》2012 年第 4 期。
[2] 陈巍巍、张雷、马铁虎等：《关于三阶段 DEA 模型的几点研究》，《系统工程》2014 年第 9 期。

社区公共服务的产出量会受到人口数量、社区居民需求等因素的影响，对产出变量进行控制的难度较大，而对于社区公共服务资金及人员的控制相对统一，因而采用投入导向下的 DEA 模型更为有效。

第三章　城市社区公共服务供给效率及影响因素

一　城市社区公共服务供给效率

(一) 城市社区公共服务供给效率评价

本研究中的城市社区公共服务供给效率是指为了使城市社区公共服务在最小的投入下实现最优的结果,城市社区所有公共服务投入,包括项目投入和非项目投入下的社区公共服务实际产出与最优产出之间的比值。其中,项目投入包括社区专项公共经费、社区承接上级政府的公共服务项目经费、社区配套上级政府的公共服务项目经费;非项目投入包括社区公共事务经费、社区支持社区社会组织发展经费、社区购买社会组织服务经费。

本研究对城市社区公共服务供给效率的评价采用了三阶段DEA模型。首先,通过传统投入导向的DEA模型对715个城市样本社区的社区公共服务供给的综合效率、纯技术效率、规模效率三个方面进行了社区层面、省际层面、区域层面的比较和分析。其次,借用SFA模型分别对投入变量的松弛变量(原始变量与目标值之差)进行分析,分离环境因素、随机因素、管理因素对于效率的影响，从而得到投入变量的调整值。最后，对于调整后的投入变量进行传统投入导向的 DEA 分析，得出 715 个城市样本社区的真实效率值，并从社区层面、省际层面、区域层面三个维度上进行比较和分析。

（二）城市社区公共服务供给效率评价变量的选取

要运用三阶段 DEA 模型对城市社区公共服务供给效率进行科学合理的评价，核心环节是确定投入变量与产出变量以及相应的指标。指标是反映城市社区公共服务投入数量与产出绩效的重要信息，是测量、管理和改善服务绩效的重要工具。因而在指标的选择上，应遵循科学的选择原则，主要包括以下内容。

（1）有效性。选择指标时应最大限度反映城市社区公共服务投入与产出的信息，将反映社区公共服务投入与产出的指标全部包括在内。由于本研究的数据是截面数据，反映 2014 年城市社区公共服务的投入与产出信息。本研究不能将历年来社区公共服务设施与设备等基础硬件设施纳入进来进行比较，否则会导致测量的不准确，因而投入指标只能涉及 2014 年度的总体投入，产出指标只能反映 2014 年如社区教育、社区文化等非经济性的社区公共服务产出。

（2）可获取性。城市社区公共服务的范围非常广，涉及教育、医疗卫生、文化、体育、社会保障、环境等多个方面。目前能够获取的数据资料并没有完全覆盖所有的社区公共服务。因此，应尽可能利用能够得到，且反映社区公共服务范围和内容的核心关键数据来进行分析。

本研究在借鉴已有相关研究成果的基础上，根据指标的选择原则，对投入变量、产出变量、环境变量进行了选取和界定，具体变量与指标如下（见表 3 - 1）。

表 3-1 城市社区公共服务供给效率评价指标体系

	一级指标	二级指标
投入变量	社区公共服务经费	社区公共事务经费
		社区专项公共经费
		社区承接上级政府的公共服务项目经费
		社区配套上级政府的公共服务项目经费
		社区支持社区社会组织发展经费
		社区购买社会组织服务经费
	社区工作人员	社区"两委"工作人员数
		社区雇用专职人员数
产出变量	社区文化公共服务	社区图书室数
	社区社会性公共服务	社区养老床位数
	社区社会组织服务	社区社会组织个数
	社区社会保障公共服务	居民医疗保险参保人数
		居民养老保险参保人数
		最低生活保障领取人数
	社区教育公共服务	社区公共教育服务机构数
	社区法律公共服务	社区矫正人员和戒毒人员数
	社区计划生育公共服务	社区生育二孩申请服务人数
	社区卫生环境公共服务	社区卫生投诉次数
	社区就业公共服务	社区零就业家庭户数
环境变量	社区经济发展水平	人均可支配收入
	社区干部激励政策	社区书记事业编制
	社区参与水平	社区召开居民大会的次数
		社区居民参与社区选举的人数
	社区精英水平	社区党员人数
		社区党员大专及以上学历人数
		社区"两委"大专及以上学历人数
	社区人口结构	社区户籍人口数
		社区人口密度
		社区60岁以上老人数
	社区城市化水平	社区非农业人口数

1. 投入变量

投入变量是指为了实现社区公共服务的供给或者是到达社区公共服务的产出需要投入的人力、财力、物力等资源。在社区公共服务的财力投入变量上，以往的研究大多将财政投入视为社区公共服务的实际投入，甚至将社区一级的社区公共服务财政投入用县级社区公共服务财政投入的平均值来测量，这种指标选择方式明显有偏差。① 社区公共服务的投入是多元的，单独使用财政投入数据无法反映城市社区的真实资金投入，因而在投入指标选择上应该更为谨慎。在城市社区公共服务供给实践中，投入较为多元且差异性大。从投入主体看，不仅有政府投入，还有市场投入、社会投入。从投入形式看，不仅有传统的非项目投入，还有项目投入。从投入的种类来看，不仅有传统的社区公共事务经费，还有政府购买社区公共服务资金。本研究尽最大可能结合社区公共服务投入的现实，将多种社区公共服务投入指标纳入进来进行测算。在社区公共服务的人员投入上，大多数研究统计的是社区"两委"的人员，但在供给社区公共服务的实践中，社区自身雇用了许多专职工作人员。因而在人员投入上，需要将雇用专职人员纳入社区公共服务人员中进行分析。

本研究的投入变量包括两个：一是城市社区的社区公共服务经费，包含社区公共事务经费、社区专项公共经费、社区承接上级政府的公共服务项目经费、社区配套上级政府的公共服务项目经费、社区支持社区社会组织发展经费、社区购买社会组织服务经费这6个具体指标；二是城市社区的社区工作人员，包括社区"两委"工作人员数与社区雇用专职人员数。具体变量与指标界定如下：

投入变量1：城市社区公共服务经费，具体指标分别为以

---

① 李燕凌、欧阳万福：《县乡政府财政支农支出效率的实证分析》，《经济研究》2011年第10期。

下6个。

①社区公共事务经费：是指广义的社区公共服务，即社区为全体居民所提供的公共服务，包括文化教育、卫生环境等；不包括上级政府财政下拨的社区工作人员经费、专项公共经费、项目经费、购买服务经费。

②社区专项公共经费：是指政府为社区居民自治和兴办公益事业配套的专项工作经费，例如成都市为社区配套的专项公共服务资金。这种社区专项公共经费不属于上级政府下拨的专款专用的项目经费。

③社区承接上级政府的公共服务项目经费：是指上级政府下拨且指定用途的专款专用的项目经费，例如社区文化建设经费、社区教育专项经费。

④社区配套上级政府的公共服务项目经费：是指社区在承接上级政府的项目中，为专项项目配套的资金额度，主要由社区的集体资产收入或社会捐赠收入来进行配套。

⑤社区支持社区社会组织发展经费：是指社区通过补贴、提供场地等方式鼓励社区社会组织向全体社区居民提供社区公共服务的经费。

⑥社区购买社会组织服务经费：是指社区向社会组织购买社区公共服务的资金投入，例如社区青少年公共服务、社区养老公共服务等。

投入变量2：社区工作人员，具体指标包含以下2个。

①社区"两委"工作人员数：主要是指社区"两委"，包括社区党支部委员会和社区居民委员会的工作人员数量，不包括清洁工人。

②社区雇用专职人员数：主要是指社区自己雇用的"两委"以外的专职工作人员，主要工作是为社区居民提供公共服务，不包括兼职人员。

2. 产出变量

产出变量是指在既定的社区公共服务投入下产出的社区公共服务数量。本研究不研究包括道路交通、农田水利等经济性的社区公共服务，主要研究非经济性的社区公共服务。根据已有文献，非经济性的社区公共服务包括社区就业公共服务、社区社会保障公共服务、社区卫生环境公共服务、社区计划生育公共服务、社区社会性公共服务、社区教育公共服务、社区文化公共服务、社区法律公共服务、社区社会组织服务。投入变量反映的是社区这一层级投入的资金和人员，因而产出变量必须要对应社区公共服务投入。社区医疗卫生服务是由独立运作的社区公共卫生服务站或社区卫生室来供给，其财政资金以及人员的聘用并不经过社区这一层级，同时社区本层级基本没有或者很少会进行投入，因而不纳入产出范围。因此，本研究的产出变量包括9类：社区文化公共服务、社区社会性公共服务、社区社会组织服务、社区社会保障公共服务、社区教育公共服务、社区法律公共服务、社区计划生育公共服务、社区卫生环境服务、社区就业公共服务。具体变量与指标界定如下。

产出变量1：社区文化公共服务，即社区给社区全体居民提供的公共文化方面的服务。具体指标：2014年社区图书室数。

产出变量2：社区社会性公共服务，即社区为社区居民提供的社区养老、心理健康、青少年发展、亲子关系等服务。目前，各社区在提供社区社会性公共服务方面差异非常大，但是大多数社区开展了社区养老服务。为了更有效地进行比较，本研究选取社区养老服务作为社区社会性公共服务的代表，具体指标：2014年社区养老床位数。

产出变量3：社区社会组织服务，是指社区通过补贴、提供场地等方式鼓励社区社会组织发展，引导社区社会组织向全体社区居民提供社区公共服务，这是社区层级间接的社区公共服务产出。我国长期以来形成的"总体性社会"结构①导致社会组织发育迟缓,而政府的单一供给方式无法满足居民对社区公共服务的迫切需求。在文化、政治、社会等多重因素的影响下,政府成为培育与发展我国社会组织的主体。在社区这一层级,通过发展社区社会组织来为居民提供社区公共服务成为重要的工作任务。因而,发展社区社会组织被纳入间接性社区公共服务产出的衡量中。具体指标:2014年社区社会组织个数。

产出变量4:社区社会保障公共服务,即社区为社区居民办理的城乡居民基本医疗保险、城乡居民基本养老保险、城乡居民最低生活保障等社区公共服务。有的社区除了为社区居民提供办理社会保障的社区公共服务外,还从社区层面对于居民参与这类服务进行了资金上的补贴。具体指标:居民医疗保险参保人数;居民养老保险参保人数;最低生活保障领取人数。实行了城乡居民统一基本医疗保险和养老保险的社区,则将分别计算在城乡居民统一医疗保险和养老保险中。

产出变量5:社区教育公共服务,即社区举办的社区老年大学、社区市民学校、社区青少年空间等文化机构,主要为全体社区居民提供教育方面的服务。具体指标:2014年社区公共教育服务机构数。

产出变量6:社区法律公共服务,即为社区居民提供的法律咨询、教育、矫正等服务,包括为判处管制、缓刑、假释、社会上服刑和监外执行的5种犯罪提供的矫正服务,为社区吸毒人员提供的戒毒服务。具体指标:2014年社区矫正人员和戒毒人员数。

产出变量7:社区计划生育公共服务,即社区为居民提供的计划生育方面的社区公共服务。具体指标:2014年社区生育二孩

---

① 孙立平、王汉生、王思斌等:《改革以来中国社会结构的变迁》,《中国社会科学》1994年第2期。

申请服务人数。

产出变量8：社区卫生环境公共服务，即社区为居民提供的社区环境整治、美化等公共服务。具体指标：2014年社区卫生投诉次数。

产出变量9：社区就业公共服务，即社区为居民提供的就业咨询、培训、帮扶等社区公共服务。具体指标：2014年社区零就业家庭户数。

3. 环境变量

环境变量是指对城市社区公共服务的效率产生影响但不受城市社区主观因素控制的变量。根据前文的文献梳理以及调研实际，本研究选取6个环境变量，即社区经济发展水平、社区干部激励政策、社区参与水平、社区精英水平、社区人口结构、社区城市化水平因素的影响。

环境变量1：社区经济发展水平

社区经济发展水平直接关系到社区公共服务的需求以及供给的数量和水平，从而影响社区公共服务的效率。通常，经济发展较好的社区，社区公共服务供给的规模较大，而经济发展较差的社区缺乏供给社区公共服务的经费，因而在社区公共服务的内容和规模上都与经济水平较高的社区有较大的差距。目前衡量经济发展水平的指标主要是人均生产总值、人均可支配收入。由于社区生产总值难以具体测算，仅以所在省或所在市的平均生产总值来替代。这显然会造成信息的损失。而人均可支配收入更能有效反映当地居民的经济状况。实际上，人均可支配收入高，社区居民对社区公共服务需求就会增加，例如会增加社会医疗保险和社会养老保险的需求；而人均可支配收入低，则会抑制社会保障的需求，但对社会最低生活保障的社区公共服务需求会增加。因而，本研究衡量社区经济发展水平的具体指标为2014年社区人均可支配收入。

环境变量2：社区干部激励政策

地方政府对于社区干部的激励政策是影响社区公共服务效率的重要因素。由于社区并非政府科层体系的正式层级，社区干部难以拥有科层体系内的合法身份。因而，目前一些地方政府开始出台相关的政策，将给予社区书记体制内的身份作为激励的重要手段。本研究将"社区书记编制"作为衡量社区干部激励政策的变量，选用的具体指标为2014年社区书记事业编制。

环境变量3：社区参与水平

梳理文献发现，社区参与和社区公共服务的效率密切相关。社区居民如果能够参与到居民大会、社区选举中，就能有较多的机会展示自身的需求，提高需求与供给的匹配率，同时有权利选择供给社区公共服务较好的社区干部。而社区居民社区参与积极性不足，则不利于社区公共服务效率的提升。本研究将"社区召开居民大会的次数"以及"社区居民参与社区选举的人数"作为衡量社区参与的变量。

环境变量4：社区精英水平

社区精英是指在社区中具有某方面能力、积极参与社区公共事务且易获得居民认可的人。[①] 社区精英的素质及水平直接关系社区公共服务供给的质量，影响社区公共服务供给的效率。本研究将"社区党员人数"作为衡量社区精英数量的变量，而"社区党员大专及以上学历人数"以及"社区'两委'大专及以上学历人数"作为衡量社区精英文化水平的变量，选用的具体指标为2014年社区党员人数、社区党员大专及以上学历人数、社区"两委"大专及以上学历人数。

环境变量5：社区人口结构

人口结构反映了社区的人口数量关系，与社区公共服务的需

---

① 卢学晖：《城市社区精英主导自治模式：历史逻辑与作用机制》，《中国行政管理》2015年第8期。

求直接相关。通常情况下，人口数量越多，对公共服务的需求量越大，如老龄人口多，则对老年社区公共服务的需求会增加。人口密度越大，规模效应为正，社区公共服务的效率越高。因而本研究将"社区户籍人数""社区人口密度""社区老龄化程度"作为反映社区人口结构的变量，选用指标为2014年社区户籍人口数、2014年社区人口密度、2014年社区60岁以上老人数。

环境变量6：社区城市化水平

社区城市化水平反映社区的现代化水平，而户籍是反映社区城市水平的重要指标，城市户籍人口占社区户籍人口的比例越大，社区城市化水平越高。因而，本研究将"社区非农业人口数"作为反映社区城市化水平的变量，选用指标为社区非农业人口数。

（三）城市社区公共服务供给效率评价数据的处理

1. 决策单元数量

在运用DEA模型进行投入产出效率分析时，首先要注意的是决策单元的数量应该是投入产出指标数量总和的两倍以上。投入产出指标过多而决策单元的数量过少会降低DEA分析的有效性，因而在指标过多而决策单元数量过少的情况下，大多采取以下处理方式：通过降维的方式运用因子分析将多个指标合并为几个公共因子，并通过客观赋权的方式建构一个综合性的指标，或者是直接将指标通过平均化，即每个指标同等权重的方式构建综合性指标。综合指标的构建存在信息的损耗，如因子分析中只纳入绝大部分的信息，因而会影响对效率的评价。本研究的研究数据高达715个基本决策单元，大大高于投入产出指标数量的总和，因而不需要通过降维或者平均化的方式进行测算，可以直接测算。

2. 负向数据的正向化

DEA模型要求投入与产出数据为正向数据，即投入越多，消耗的资源就越多；产出越大，产出的值就越大，因而对于投入与产出指标，采用绝对数而非人均数，更符合 DEA 分析中数据的特点。同时，需要对产出指标中的负向指标进行正向化处理，对负向绝对数指标进行倒数处理，对负向相对数指标进行负数处理，保证所有产出指标都为单调递增。例如，社区卫生投诉次数是负向指标，值越大，社区卫生环境公共服务的产出就越小。因而本研究对负向指标进行了正向化处理。

3. 缺失数据的处理

DEA 分析中，要求数据不能有任何缺失，且投入变量不能为 0。但是在实际调研中，有一些数据出于多种原因无法获取或者是缺失。通常情况下，对于缺失比例较小的，可以将缺失数据舍弃。但是对于样本数量并不大的数据，如果对缺失数据进行舍弃处理，会损失许多重要信息，并使结果产生较大差异。为了避免这种情况，通常对缺失数据进行插补，常用的有热层方法、距离函数匹配法、回归插补法、多重插补法。本研究所采用的是均值插补法，用总体样本的均值来代替缺省值，可以减少估算方差。

4. 冗余度相关分析

由于输入变量与输出变量之间容易存在线性相关关系，这样会影响评价结果，而输入变量之间或输出变量之间存在局部的线性关系，不会影响评价结果。如果输出变量之间相关度很大，可以对指标进行适当的删减或合并处理。如果 DUM 的数量较大，也可以不进行删减。本研究采用 Pearson 相关系数对指标进行了相关分析，将一些冗余指标进行了剔除，最后得到了表 3-1 的指标。

5. 数据的标准化处理

各个指标数据单位不同会影响结果，因而对于数据进行了标准化处理，采用公式 $z = \dfrac{x - \mu}{\sigma}$，以消除不同单位的影响。

二 城市社区公共服务投入产出变量分析

（一）城市社区的分布情况

根据西南财经大学中国家庭金融调查与研究中心"2015年城乡社区治理调查"数据，总计29个省（区、市）（不含新疆、西藏）的715个城市社区作为样本被纳入模型进行分析（如表3-2所示），东部地区有372个城市社区，中部地区有176个城市社区，西部地区有167个城市社区。本研究将从社区、省际、区域三个层面对城市社区公共服务的供给效率进行比较分析。各样本社区的具体名称作为保密资料，目前未公开，因而做社区层面分析时，只能用社区ID来替代。

表3-2 城市社区分布情况

单位：个

省（区、市）	社区数量	省（区、市）	社区数量	省（区、市）	社区数量
北京	24	山西	23	内蒙古	7
天津	23	吉林	21	广西	17
河北	23	黑龙江	26	重庆	31
辽宁	48	安徽	12	四川	32
江苏	38	江西	14	贵州	8
浙江	42	河南	18	云南	12
福建	27	湖北	30	陕西	28
山东	39	湖南	32	甘肃	13
广东	60			青海	8
海南	17			宁夏	11
上海	31				
东部地区	372	中部地区	176	西部地区	167

数据来源：西南财经大学中国家庭金融调查与研究中心"2015年城乡社区治理调查"数据。

（二）城市社区公共服务总投入变量的描述性分析

如表3-3所示，首先，从经费投入来看，在统计的715个城市样本社区中，城市社区公共服务经费均值为71.63万元，标准差为422.87万元，最小值为0.05万元，最大值为9990万元，充分说明各城市社区之间在社区公共服务经费上的差距非常大。其中，社区公共事务经费最大值为4990万元，最小值为0元，平均值为33.25万元；社区公共服务专项经费最大值为2000万元，最小值为0万元，平均值为9.26万元；社区承接上级政府的社区公共服务项目经费最大值为1000万元，最小值为0元，平均值为16.02万元；社区配套上级政府的社区公共服务项目经费最大值为2000万元，最小值为0元，平均值为10.72万元；社区支持社区社会组织发展经费最大值有1000万元，平均值仅为2.03万元；社区购买社会组织服务经费最大值为48万元，平均值仅为0.36万元。可见，在构成社区公共服务经费的总投入中，社区用于发展社会组织与购买服务的经费比例较小，甚至许多社区并没有这两项经费的投入，而社区公共服务专项经费、社区承接上级政府的公共服务项目经费、社区配套上级政府的公共服务项目经费这些项目经费，占社区公共服务经费投入的比例基本达到了50.3%，传统的社区公共事务经费占到46.4%。可见社区公共服务的项目经费比重较大，已经超越了传统的社区公共事务经费。

其次，从人员投入来看，社区工作人员（包括社区"两委"工作人员以及社区雇用专职人员）平均值为22.46人，标准差为38.22人，最小值为2人，最大值为534人，最大值是最小值的267倍，充分说明不同社区在社区人员上的投入差距也非常大。具体从人员类型来看，社区"两委"工作人员最小值为1人，最大值为500人，平均值为13.10人；社区雇用专职人员最大值为

150 人，平均值为 9.37 人。

表 3-3 城市社区公共服务投入变量的描述统计

变量名	最小值	最大值	平均值	标准差	样本量(个)
社区公共服务经费（万元）	0.05	9990	71.63	422.87	715
社区公共事务经费	0	4990	33.25	238.24	715
社区公共服务专项经费	0	2000	9.26	82.55	715
社区承接上级政府的公共服务项目经费	0	1000	16.02	71.62	715
社区配套上级政府的公共服务项目经费	0	2000	10.72	107.42	715
社区支持社区社会组织发展经费	0	1000	2.03	37.44	715
社区购买社会组织服务经费	0	48	0.36	2.70	715
社区工作人员（人）	2	534	22.46	38.22	715
社区"两委"工作人员	1	500	13.10	30.80	715
社区雇用专职人员	0	150	9.37	16.26	715

数据来源：西南财经大学中国家庭金融调查与研究中心"2015 年城乡社区治理调查"数据。

如表 3-4 所示，从城市社区公共服务经费的省际差别看，城市社区平均公共服务经费排在前三位的分别是浙江（404.60 万元）、福建（201.96 万元）和广东（118.72 万元），排在后三位的分别是宁夏（14.13 万元）、贵州（11.45 万元）和甘肃（8.17 万元）。省际间投入最大值与投入最小值之间的差别约为 49 倍。

再具体到各项投入指标，城市社区公共事务经费投入排在前三位的分别是浙江（162.21 万元）、福建（123.18 万元）、广东（93.12 万元），排在后三位的分别是黑龙江（3.90 万元）、江西（3.18 万元）、甘肃（2.51 万元），最大值与最小值之间的差别约为 64 倍。

城市社区公共服务专项经费排在前三位的分别是浙江（217.42 万元）、福建（74.85 万元）、四川（53.14 万元），排在后三位的分别是贵州（5.34 万元）、海南（4.11 万元）、河南

(3.54万元),最大值与最小值之间的差别约为60倍。

城市社区支持社区社会组织发展经费排在前三位的分别是浙江(24.79万元)、北京(2.19万元)、江苏(1.49万元),河北和青海完全没有投入支持社区社会组织发展的经费。

城市社区购买社会组织服务经费排在前三位的分别是山西(2.97万元)、福建(2.51万元)、安徽(1.25万元),社区完全没有投入购买社会组织服务经费的省(区、市)多达6个,分别有海南、黑龙江、内蒙古、甘肃、青海、宁夏。可见,在城市社区公共服务经费投入上,省(区、市)间的差别非常大。

从城市社区投入工作人员上看,人数排在前三位的分别是上海(46.58人)、海南(44.18人)、甘肃(41.85人),排在后三位的分别是河北(10.65人)、河南(10.06人)、宁夏(9.45人),最大值是最小值的4.9倍。其中,社区"两委"工作人员数排在前三位的分别是海南(37.82人)、上海(32.45人)、甘肃(25.54人),排在后三位的分别是河南(7.00人)、宁夏(6.64人)、黑龙江(6.23人),最大值是最小值的6倍;社区雇用专职工作人员人数排在前三位的分别是广东(18.32人)、山西(16.61人)、甘肃(16.31人),排在后三位的分别是河南(3.06人)、宁夏(2.82人)、江西(1.50人),最大值是最小值的12倍。

表3-4 省(区、市)间城市社区公共服务投入变量的比较

省(区、市)	社区公共服务经费(万元)	社区公共事务经费	社区专项公共经费	社区支持社区社会组织发展经费	社区购买社会组织服务经费	社区工作人员(人)	社区"两委"工作人员数	社区雇用专职人员数
北京	37.29	15.93	18.96	2.19	0.21	31.67	20.00	11.67
天津	24.53	13.91	9.95	0.54	0.13	26.59	21.00	5.26

续表

省（区、市）	社区公共服务经费（万元）	社区公共事务经费	社区专项公共经费	社区支持社区社会组织发展经费	社区购买社会组织服务经费	社区工作人员（人）	社区"两委"工作人员数	社区雇用专职人员数
河北	31.07	23.65	7.41	0	0.013	10.65	7.35	3.30
辽宁	27.27	7.29	19.32	0.54	0.14	16.23	8.29	8.23
江苏	76.35	39.83	34.81	1.49	0.21	21.14	13.37	7.63
浙江	404.60	162.21	217.42	24.79	0.18	20.57	13.26	7.31
福建	201.96	123.18	74.85	1.43	2.51	21.89	12.67	9.22
山东	35.34	20.17	14.82	0.33	0.03	17.76	7.38	10.15
广东	118.72	93.12	24.49	0.81	0.30	30.97	12.88	18.32
海南	29.44	24.04	4.11	1.29	0	44.18	37.82	6.35
上海	36.69	14.55	21.54	0.37	0.22	46.58	32.45	14.13
山西	26.05	6.77	16.17	0.14	2.97	24.26	7.65	16.61
吉林	19.59	6.76	12.60	0.15	0.09	21.19	9.14	12.05
黑龙江	43.11	3.90	39.14	0.07	0	12.08	6.23	5.85
安徽	42.13	19.35	20.88	0.65	1.25	30.08	19.67	10.42
江西	18.13	3.18	14.92	0.01	0.03	15.07	13.57	1.50
河南	16.54	12.81	3.54	0.16	0.03	10.06	7.00	3.06
湖北	30.55	13.28	16.29	0.83	0.14	21.17	7.43	13.73
湖南	39.57	13.69	25.10	0.70	0.09	25.06	20.28	4.78
内蒙古	60.63	8.36	52.13	0.14	0	21.83	8.71	14.14
广西	48.30	8.53	38.89	0.38	0.50	23.94	9.71	14.24
重庆	50.89	7.34	43.22	0.22	0.11	17.97	10.71	7.26
四川	70.67	15.88	53.14	0.98	0.67	14.00	7.16	6.84
贵州	11.45	4.84	5.34	0.67	0.06	21.25	9.88	11.38
云南	55.69	11.03	44.30	0.03	0.03	15.75	9.92	5.83
陕西	21.12	8.52	12.30	0.02	0.09	15.61	9.61	6.00

续表

省（区、市）	社区公共服务经费（万元）	社区公共事务经费	社区专项公共经费	社区支持社区社会组织发展经费	社区购买社会组织服务经费	社区工作人员（人）	社区"两委"工作人员数	社区雇用专职人员数
甘肃	8.17	2.51	5.47	0.19	0	41.85	25.54	16.31
青海	21.97	12.66	9.31	0	0	16.63	13.13	3.50
宁夏	14.13	5.71	8.37	0.05	0	9.45	6.64	2.82

数据来源：西南财经大学中国家庭金融调查与研究中心"2015年城乡社区治理调查"数据。

如表3-5所示，从城市社区公共服务投入的地域差别看，东部地区各省（区、市）城市社区公共服务经费均值为103.33万元，高于全国城市社区公共服务经费的平均值（71.63万元）。其中，城市社区公共事务经费为55.12万元，高于全国平均值（33.25万元）；城市社区专项公共经费为44.32万元，高于全国平均值（35.99万元）；城市社区支持社区社会组织发展经费为3.55万元，高于全国平均值（2.03万元）；城市社区购买社会组织服务经费为0.33万元，低于全国均值（0.36万元）。社区工作人员投入平均值为25.16人，高于全国平均值（22.45人）。其中，社区"两委"工作人员为15.20人，高于全国平均值（13.10人），社区雇用专职人员为9.94人，高于全国平均值（9.37人）。

中部地区各省（区、市）城市社区公共服务经费均值为30.42万元。其中，城市社区公共事务经费为9.91万元，城市社区专项公共经费为19.60万元，城市社区支持社区社会组织发展经费为0.38万元，城市社区购买社会组织服务经费为0.53万元。除了社区购买社会组织服务经费高于全国平均值，其余全都低于全国平均值。中部地区的社区工作人员投入均值为20.07人。其中，社区"两委"工作人员为11.11人，社区雇用专职工作人员为9.01人，均低于全国平均值。

西部地区各省（区、市）城市社区公共服务经费均值为44.44万元，高于中部地区，低于东部地区。其中，城市社区公共事务经费为9.09万元，城市社区专项公共经费为34.72万元，城市社区支持社区社会组织发展经费为0.38万元，城市社区购买社会组织服务经费为0.24万元。社区工作人员投入平均值为18.96人。其中，社区"两委"工作人员为10.05人，社区雇用专职工作人员为8.46人，均低于全国平均值。

总体上看，东部地区城市社区在社区公共服务经费、社区工作人员的投入上均为最高。而中部地区在社区公共服务上的经费投入最低，但在社区工作人员的投入上高于西部地区。西部地区在社区公共服务上的投入高于中部地区。

表3-5 城市社区公共服务投入变量的地域比较

省（区、市）	社区公共服务经费（万元）	社区公共事务经费	社区专项公共经费	社区支持社区社会组织发展经费	社区购买社会组织服务经费	社区工作人员（人）	社区"两委"工作人员数	社区雇用专职人员数
东部地区	103.33	55.12	44.32	3.55	0.33	25.16	15.20	9.94
中部地区	30.42	9.91	19.60	0.38	0.53	20.07	11.11	9.01
西部地区	44.44	9.09	34.72	0.38	0.24	18.96	10.05	8.46
全国	71.63	33.25	35.99	2.03	0.36	22.45	13.10	9.37

数据来源：西南财经大学中国家庭金融调查与研究中心"2015年城乡社区治理调查"数据。

（三）城市社区公共服务总产出变量的描述性分析

从城市社区公共服务产出变量（见表3-6）来看，在统计的715个样本中，社区图书室数的平均值为1.07个，最多的社区设置了19个，而仍有社区没有建立社区图书室；社区社会组织个数平均值为3.57个，最多的社区可高达98个；社区养老床位数的平均值为6.80张，最多的社区提供300张床位；社区居民医疗保险参保人数的平均值为5079.04人，最高的社区人数可达50163人；社区居民养老保险参保人数的平均值为4630.14人，最高的社区人数可达44756人；最低生活保障领取人数的平均值为146.82人，最高的社区可达3100人；社区公共教育服务机构数平均值为1.44个，最多的社区高达191个；社区矫正人员与戒毒人员数的平均值为8.70人，人数最多的社区高达670人；社区生育二孩申请服务人数的平均值为12.23人，人数最多的社区高达500人；社区卫生投诉次数的平均值为7.90次，次数最多的社区高达1000次；社区零就业家庭户数的平均值为28.56户，户数最多的社区达2500户。可见，在社区公共服务的产出上，各社区之间的差异非常大。

表3-6 城市社区公共服务产出变量的描述统计

变量名	最小值	最大值	平均值	标准差	样本量（个）
社区图书室数（个）	0	19	1.07	1.04	715
社区社会组织个数（个）	0	98	3.57	6.95	715
社区养老床位数（张）	0	300	6.80	27.55	715
社区居民医疗保险参保人数（人）	0	50163	5079.04	4645.67	715
社区居民养老保险参保人数（人）	0	44756	4630.14	4317.63	715
最低生活保障领取人数（人）	0	3100	146.82	328.24	715
社区公共教育服务机构数（个）	0	191	1.44	7.61	715
社区矫正人员和戒毒人员数（人）	0	670	8.70	33.39	715
社区生育二孩申请服务人数（人）	0	500	12.23	28.85	715
社区卫生投诉次数（次）	0	1000	7.90	46.12	715
社区零就业家庭户数（户）	0	2500	28.56	147.39	715

数据来源：西南财经大学中国家庭金融调查与研究中心"2015年城乡社区治理调查"数据。

三 实证结果及影响因素

(一) 第一阶段：传统 DEA 分析结果

运用 EAP 2.1 软件对 2014 年全国 715 个城市样本社区，涉及 29 个省（区、市）（不含西藏、新疆）的城市社区公共服务供给总效率进行了测算，采用投入导向 BBC 模型进行分析，得到 715 个城市社区公共服务供给的综合效率、纯技术效率、规模效率，29 个省（区、市）城市社区公共服务供给的平均综合效率、平均纯技术效率和平均规模效率及东部、中部、西部的城市社区公共服务供给的平均综合效率、平均纯技术效率和平均规模效率。

在 DEA 效率中，决策单元的综合效率为 1，表明该社区的公共服务相对有效率，而小于 1 表明相对无效率，且越小效率越低。而综合效率低的原因有两方面，一是规模无效率，二是技术无效率。规模效率表明在生产技术可变的情况下，决策单元是否达到最优规模。如果规模效率为 1，那么表示规模有效，如果小于 1，表示规模无效。如果规模报酬存在递增，说明社区公共服务规模不足导致了规模无效率，需要扩大规模来提高效率；如果规模报酬存在递减，说明社区公共服务规模过大导致了规模无效率，需要缩减规模来提高效率。而纯技术效率等于综合效率除以规模效率，反映的是剔除规模报酬影响后的社区公共服务的效率。

在这 715 个城市社区中，能够达到效率前沿面的社区，即综合效率、纯技术效率、规模效率都能达到 1 的社区覆盖 18 个省（区、市）36 个社区，占到统计样本的 5.03%。其分别为天津（2 个）、辽宁（4 个）、吉林（1 个）、黑龙江（1 个）、浙江（2

个)、福建(1个)、江西(2个)、山东(3个)、河南(1个)、湖北(1个)、湖南(1个)、广西(3个)、四川(3个)、贵州(3个)、云南(1个)、陕西(1个)、甘肃(2个)、宁夏(4个)。而北京、河北、江苏、广东、海南、上海、青海、重庆、内蒙古、安徽、山西这11个省(区、市)完全没有一个最优效率社区。这充分说明在没有剔除环境变量以及随机因素的影响下,能够达到效率前沿面的社区比例非常低,具有极大的改善空间。

从省际层次的城市社区公共服务平均效率(见表3-7)来看,平均综合效率排在前三位的是宁夏(0.64)、贵州(0.57)、江西(0.53),排在后三位的是山西(0.26)、内蒙古(0.25)、北京(0.22)、上海(0.22),城市社区公共服务综合效率最大值是最小值的2.91倍;平均纯技术效率排在前三位的是宁夏(0.89)、天津(0.85)、云南(0.74),排后三位的是福建(0.36)、广东(0.30)、海南(0.30)、上海(0.29);平均规模效率排在前三位的是广西(0.96)、海南(0.95)、四川(0.92),排后三位的是河北(0.58)、山西(0.58)、天津(0.51)、北京(0.31)。

从各省(区、市)城市社区之间的社区公共服务效率来看,差异也非常明显。各省(区、市)社区之间综合效率最大值与最小值之间差异最大排前三位的分别是天津(0.98)、广东(0.98)、湖南(0.98)、福建(0.97)、山东(0.96),差异最小的前三位分别是上海(0.59)、山西(0.49)、北京(0.29),说明天津、广东、湖南、福建、山东这些省(市)内城市社区之间在社区公共服务供给效率方面的差异非常大,而上海、山西、北京这些省(市)内社区之间在公共服务供给效率上的差异相对较小。各省(区、市)内部社区纯技术效率最大值与最小值之间差异最大排前三位的分别是广东(0.98)、湖南（0.98）、福建（0.96）、江苏（0.95），说明这些省城市社区之间在纯技术效率上的差异非常大；排在后三位的分别是贵州（0.73）、黑龙江（0.73）、海南（0.60）、宁夏（0.46），说明这些省（区）内社区之间的纯技术效率虽然相对于其他省（区、市）差异较小，但实际上社区之间的差异都是非常明显的。各省（区、市）社区之间规模效率最大值和最小值之间差异最大排前三位的分别是天津（0.89）、甘肃（0.86）、吉林（0.83）、安徽（0.83），说明这些省（市）社区内部之间的规模效率差异非常大；差异最小的前三位分别是江西（0.33）、广西（0.21）、海南（0.14），说明这些省（区）社区之间的社区公共服务规模效率差异并不大。

最后从区域性差别（见表3-8）来看，东部地区城市社区公共服务平均综合效率为0.33，平均纯技术效率为0.47，平均规模效率为0.76，均低于中部地区、西部地区。可见，东部地区城市社区公共服务总投入高于中、西部地区，但是在没剔除环境因素和随机因素的影响下，其效率低于中、西部地区，说明东部地区有很大的改进空间。

中部地区城市社区公共服务平均综合效率为0.38，平均纯技术效率为0.51，平均规模效率为0.77，均高于东部地区，除了平均纯技术效率与西部持平，其他均低于西部地区。而中部地区在社区公共服务经费和人员的投入上低于东部和西部地区。西部地区社区平均综合效率为0.40，平均纯技术效率为0.51，平均规模效率为0.84，除了平均纯技术效率与中部持平外，其他均高于东部和中部地区。而西部地区在社区公共服务经费和人员的投入上高于中部地区，低于东部地区。可见，西部地区虽然投入处于中间水平，但效率明显高于其他地区。

第三章　城市社区公共服务供给效率及影响因素

表 3-7　第一阶段省（区、市）间城市社区综合效率、纯技术效率、规模效率比较

省（区、市）	平均综合效率	综合效率最大值	综合效率最小值	平均纯技术效率	纯技术效率最大值	纯技术效率最小值	平均规模效率	规模效率最大值	规模效率最小值	社区数量（个）
北京	0.22	0.31	0.02	0.71	1	0.23	0.31	0.77	0.04	24
天津	0.45	1	0.02	0.85	1	0.07	0.51	1	0.11	23
河北	0.41	0.99	0.12	0.70	1	0.20	0.58	0.99	0.32	23
辽宁	0.43	1	0.11	0.61	1	0.17	0.71	1	0.45	48
江苏	0.36	0.93	0.05	0.44	1	0.05	0.82	0.96	0.58	38
浙江	0.30	1	0.05	0.38	1	0.06	0.80	1	0.55	42
福建	0.31	1	0.03	0.36	1	0.04	0.82	1	0.63	27
山东	0.37	1	0.04	0.42	1	0.05	0.85	1	0.55	39
广东	0.27	0.99	0.01	0.30	1	0.02	0.91	1	0.66	60
海南	0.28	0.61	0.01	0.30	0.61	0.01	0.95	1	0.86	17
上海	0.22	0.60	0.01	0.29	0.75	0.01	0.77	0.94	0.14	31
山西	0.26	0.53	0.04	0.48	1	0.11	0.58	0.78	0.20	23
吉林	0.31	1	0.12	0.49	1	0.17	0.66	1	0.17	21
黑龙江	0.48	1	0.17	0.70	1	0.27	0.71	1	0.31	26
安徽	0.38	0.99	0.14	0.58	1	0.15	0.74	0.99	0.16	12

85

续表

省（区、市）	平均综合效率	综合效率最大值	综合效率最小值	平均纯技术效率	纯技术效率最大值	纯技术效率最小值	平均规模效率	规模效率最大值	规模效率最小值	社区数量（个）
江西	0.53	1	0.21	0.60	1	0.26	0.88	1	0.67	14
河南	0.48	1	0.15	0.56	1	0.19	0.86	1	0.61	18
湖北	0.34	1	0.08	0.38	1	0.11	0.87	1	0.46	30
湖南	0.34	1	0.02	0.40	1	0.02	0.87	1	0.49	32
内蒙古	0.25	0.72	0.07	0.37	1	0.10	0.67	0.83	0.45	7
广西	0.44	1	0.08	0.45	1	0.08	0.96	1	0.79	17
重庆	0.37	0.91	0.11	0.42	1	0.13	0.89	1	0.60	31
四川	0.39	1	0.16	0.44	1	0.16	0.92	1	0.26	32
贵州	0.57	1	0.23	0.67	1	0.27	0.89	1	0.23	8
云南	0.50	1	0.12	0.74	1	0.13	0.75	1	0.24	12
陕西	0.31	1	0.10	0.44	1	0.13	0.76	1	0.30	28
甘肃	0.41	1	0.09	0.55	1	0.18	0.79	1	0.14	13
青海	0.35	0.94	0.08	0.47	1	0.15	0.71	1	0.57	8
宁夏	0.64	1	0.19	0.89	1	0.54	0.71	1	0.19	11

数据来源：西南财经大学中国家庭金融调查与研究中心"2015年城乡社区治理调查"数据。

表 3-8 第一阶段 DEA 模型的东、中、西部城市社区
公共服务供给总效率比较

区域	平均综合效率	平均纯技术效率	平均规模效率	社区数量（个）
东部地区	0.33	0.47	0.76	372
中部地区	0.38	0.51	0.77	176
西部地区	0.40	0.51	0.84	167
全国	0.36	0.49	0.78	715

数据来源：西南财经大学中国家庭金融调查与研究中心"2015年城乡社区治理调查"数据。

（二）第二阶段 SFA 分析：城市社区公共服务供给总效率的影响因素

应用 Frontier 4.1 软件，根据 SFA 分析结果来调整各社区的原始投入值，分离出随机误差以及环境因素的影响，从而更清晰地反映各城市社区的社区公共服务管理效率。以第一阶段 DEA 模型的松弛变量（投入差额值，即原始投入与目标投入的差额）作为因变量，将环境变量中的社区经济发展水平、社区干部激励政策、社区参与水平、社区精英水平、社区人口结构、社区城市化水平作为自变量，利用最大似然估计进行分析。同样，对于环境变量进行了标准化处理，以消除不同单位的影响。由于每一个投入对应一个独立的回归方程，因而需要分别计算这6个环境变量对于社区公共服务资金总投入、社区公共服务人员总投入的影响。

结果如表 3-9 所示：γ 值为 0.97，且在 1% 的水平上非常显著，说明采用 SFA 模型进行分析十分合理。再从这 6 个环境变量对于社区公共服务总投入松弛变量的影响来看，发现只有社区经济发展水平、社区精英水平、社区城市化水平、社区干部激励政策这 4 个变量对于社区公共服务总投入松弛变量的影响在 1% 的

水平上显著，而社区参与水平和社区人口结构这2个变量的影响并不显著。具体到这4个环境变量对应的指标上，发现这4个变量所对应的6个指标中，只有人均可支配收入指标、社区"两委"大专及以上学历人数、社区书记事业编制、社区非农业人口数这4个指标对于城市社区公共服务松弛变量的影响在1%的水平上显著，而社区党员人数、社区党员大专及以上学历人数这2个指标都不显著。

表3-9 城市社区公共服务资金总投入松弛变量的SFA回归模型结果

自变量	相关系数	标准差	T值
常数项	-4604505.50	1.00	-4604505.40
人均可支配收入	471214.07	1.00	471214.07
社区"两委"大专及以上学历人数	169860.42	1.00	169860.42
社区非农业人口数	-218461.58	1.00	-218461.58
社区书记事业编制	939635.39	1.00	939635.38
σ^2	39532517000000.00	1.00	39532517000000.00
γ	0.97	0.01	82.00
LR单边误差检验	395.22		

数据来源：西南财经大学中国家庭金融调查与研究中心"2015年城乡社区治理调查"数据。

同样，利用SFA模型对社区工作人员总投入的松弛变量进行分析（如表3-10所示），γ值为0.99，且在1%的水平上非常显著，充分说明采用SFA模型分析是合理的。从纳入模型分析的6个环境变量来看，只有社区经济发展水平、社区精英水平、社区城市化水平、社区干部激励政策这4个环境变量对于城市社区公共服务人员总投入松弛变量的影响是显著的。具体到4个环境变量对应的6个指标上，人均可支配收入对于城市社区公共服务人员总投入松弛变量的影响在5%，是显著的，而社区"两委"大专及以上学历人数、社区非农业人口数以及社区书记事业编制在1%的水平上非常显著。

表3-10　城市社区公共服务工作人员总投入松弛变量的SFA回归模型结果

自变量	相关系数	标准差	T值
常数项	-5.45	0.79	-6.92
人均可支配收入	1.14	0.63	1.79
社区"两委"大专及以上学历人数	2.10	0.62	3.41
社区非农业人口数	-1.44	0.55	-2.62
社区书记事业编制	2.33	0.97	2.41
σ^2	1647.98	82.65	19.94
γ	0.99	0.00	2080264.70
LR单边误差检验	764.15		

数据来源：西南财经大学中国家庭金融调查与研究中心"2015年城乡社区治理调查"数据。

可见，对城市社区公共服务具有重要影响的因素有社区经济发展水平、社区精英水平、社区城市化水平、社区干部激励政策。

社区经济发展水平：人均可支配收入对于城市社区公共服务资金总投入松弛变量的回归系数为正数，说明人均可支配收入对于城市社区公共服务供给的效率具有负效应，即城市社区人均可支配收入越高，社区公共服务总投入的效率越低。这有可能是因为城市社区经济发展水平越高，社区居民对于服务的内容和质量要求越高。由于目前我国城市社区公共服务整体上内容和质量并不高，人均可支配收入越高的社区，社区居民可能更愿意为市场化的服务付费，而不是使用社区公共服务，反倒造成了人均可支配收入越高，社区公共服务效率越低的局面。同样，人均可支配收入对城市社区公共服务工作人员总投入松弛变量的回归系数为正数，说明人均可支配收入对社区公共服务人员的效率具有负效应，即人均可支配收入越高，社区工作人员的效率越低。这有可能因为当人均可支配收入越高时，社区工作人员的收入相对较低，这会影响到社区工作人员的努力程度而导致人员效率低。

社区精英水平：社区"两委"大专及以上学历人数对于城市社区公共服务资金总投入松弛变量、城市社区公共服务工作人员总投入松弛变量的回归系数均为正数，说明社区"两委"中拥有大专及以上学历的人数越多，反倒在城市社区公共服务的资金效率上和人员效率上具有负效应。近年来，为了提高社区公共服务的质量和效率，政府出台了如"一社区一大学生"的人才引进政策。由于基层社区的待遇、地位等问题，一些引入的高学历社区工作人员流动性非常大，甚至有人仅仅为了获得基层社区工作经历，并不会努力去进行社区公共服务的供给，继而有可能造成城市社区公共服务效率低下的问题。同时，基层社区公共服务是实践性非常强的工作，仅仅通过学历水平来衡量社区公共服务人员的服务能力，还存在很大的偏差。

社区城市化水平：社区非农业人口数对于社区公共服务经费投入松弛变量、对社区工作人员投入松弛变量的回归系数均为负数，说明社区城市化水平越高，非农业人口越多，城市社区公共服务的供给效率也就越高。

社区干部激励政策：社区书记事业编制对于社区公共服务总投入松弛变量、对社区公共服务人员总投入松弛变量的回归系数均为正数，说明社区书记事业编制对社区公共服务总投入、社区公共服务工作人员总投入具有负效应，即实行社区书记事业编制的社区比没有实行社区书记事业编制的社区，社区公共服务的供给总效率更低。这可能是因为社区书记事业编制属于"铁饭碗"，降低了社区书记努力的动力，不利于城市社区公共服务供给效率的提升，而社区书记缺乏向上晋升的渠道，也影响了社区公共服务人员努力的积极性。

(三) 第三阶段 DEA 模型的结果

在第三阶段，运用在第二阶段调整后的投入数据来替代第一阶段的投入数据，再次运用 DEA 分析中的投入导向 BBC 模型进行分析，使各社区处于相同的环境与机遇之下，所得效率是剔除了外在环境因素和随机误差后的效率。

首先，从 715 个样本社区来看，在相同的环境与机遇下，能够达到效率前沿面的城市社区，即综合效率、纯技术效率、规模效率都能达到 1 的城市社区覆盖 21 个省（区、市）32 个社区，占统计样本的 4.48%。21 个省（区、市）为北京、天津、内蒙古、辽宁、黑龙江、上海、江苏、浙江、安徽、福建、山东、河南、湖北、湖南、广东、广西、四川、贵州、甘肃、青海、宁夏。

其次，从省（区、市）之间的社区公共服务平均效率（见表 3-11）来看，各省（区、市）平均综合效率排在前三位的是河北（0.91）、天津（0.90）、宁夏（0.90）、河南（0.89），排在后三位的是青海（0.85）、重庆（0.85）、甘肃（0.85）、陕西（0.85）、山西（0.85）、湖北（0.85）、海南（0.85）、浙江（0.85）、北京（0.85）、吉林（0.84）、湖南（0.84）、广西（0.84）、广东（0.82）、辽宁（0.82）、上海（0.82），综合效率最大值与综合效率最小值的差额为 0.09，说明在剔除环境因素和随机因素后，各省（区、市）之间的城市社区公共服务综合效率明显提高，且差异不大。各省（区、市）平均纯技术效率排在前三位的是宁夏（0.99）、北京（0.98）、天津（0.97）、陕西（0.97）、甘肃（0.97），排在后三位的是广东（0.85）、湖南（0.85）、辽宁（0.84）、上海（0.83），纯技术效率最大值是纯技术效率最小值的 1.19 倍。这说明在剔除了环境因素、随机因素后，各省（区、市）之间的城市社区公共服务纯技术效率明显提高，且差异非常小。同样，各省（区、市）之间城市社区公共服务的规模效率在剔除环境因素后也有明显提升，但各省（区、市）之间在城市社区公共服务规模效率上的差异不大。

再次，从各省（区、市）城市社区之间的社区公共服务的综合效率、纯技术效率、规模效率来看，各省（区、市）社区之间综合效率最大值与最小值之间差异最大排前三位的分别是广东（0.76）、浙江（0.73）、辽宁（0.46），说明这些省社区之间的综合效率相差非常大；而差异最小的前三位分别是黑龙江（0.21）、河南（0.21）、宁夏（0.21）、吉林（0.20）、河北（0.18），说明这些省（区）社区之间的综合效率差异相对较小。各省（区、市）社区之间纯技术效率最大值与最小值之间差异最大排前三位的分别是广东（0.76）、浙江（0.72）、辽宁（0.43），说明这些省社区之间的纯技术效率相差非常大；而差异最小的前三位分别是云南（0.13）、北京（0.12）、天津（0.12）、陕西（0.12）、甘肃（0.12）、宁夏（0.09），说明这些省（区、市）内部社区之间的纯技术效率差异相对较小。各省（区、市）社区之间规模效率最大值与最小值之间差异最大排前三位的分别是四川（0.28）、北京（0.26）、天津（0.25）、甘肃（0.25）、陕西（0.25），而差异最小的前三位分别是江苏（0.06）、安徽（0.06）、江西（0.04）、辽宁（0.04）、福建（0.03）、河南（0.03），说明各省（区、市）社区之间的规模效率的差异并不很明显。

最后，从区域性差别（见表3-12）来看，东部地区社区之间平均综合效率为0.85，平均纯技术效率为0.88，平均规模效率为0.97；中部地区社区之间平均综合效率为0.86，平均纯技术效率为0.88，平均规模效率为0.98；西部地区社区之间平均综合效率为0.86，平均纯技术效率为0.92，平均规模效率为0.94。

表3-11 第三阶段省(区、市)间城市社区公共服务综合效率、纯技术效率、规模效率比较

省(区、市)	平均综合效率	综合效率最大值	综合效率最小值	平均纯技术效率	纯技术效率最大值	纯技术效率最小值	平均规模效率	规模效率最大值	规模效率最小值	社区数量(个)
北京	0.85	1	0.72	0.98	1	0.88	0.87	1	0.74	24
天津	0.90	1	0.68	0.97	1	0.88	0.93	1	0.75	23
河北	0.91	0.98	0.80	0.95	1	0.86	0.97	0.99	0.90	23
辽宁	0.82	1	0.54	0.84	1	0.57	0.98	1	0.96	48
江苏	0.87	1	0.62	0.88	1	0.62	0.99	1	0.94	38
浙江	0.85	1	0.27	0.86	1	0.28	0.99	1	0.93	42
福建	0.87	1	0.66	0.88	1	0.66	0.99	1	0.97	27
山东	0.86	1	0.58	0.87	1	0.58	0.99	1	0.87	39
广东	0.82	1	0.24	0.85	1	0.24	0.97	1	0.78	60
海南	0.85	0.99	0.63	0.87	1	0.75	0.97	1	0.83	17
上海	0.82	1	0.58	0.83	1	0.60	0.99	1	0.89	31
山西	0.85	0.98	0.66	0.90	1	0.76	0.94	0.98	0.81	23
吉林	0.84	0.94	0.74	0.87	0.99	0.80	0.96	1	0.86	21
黑龙江	0.88	1	0.79	0.90	1	0.82	0.98	1	0.91	26
安徽	0.88	1	0.71	0.89	1	0.72	0.99	1	0.94	12

续表

省（区、市）	平均综合效率	综合效率最大值	综合效率最小值	平均纯技术效率	纯技术效率最大值	纯技术效率最小值	平均规模效率	规模效率最大值	规模效率最小值	社区数量（个）
江西	0.87	0.95	0.63	0.88	0.95	0.65	0.99	1	0.96	14
河南	0.89	1	0.79	0.90	1	0.79	0.99	1	0.97	18
湖北	0.85	1	0.73	0.87	1	0.74	0.99	1	0.89	30
湖南	0.84	1	0.61	0.85	1	0.67	0.98	1	0.90	32
内蒙古	0.86	1	0.66	0.90	1	0.69	0.95	1	0.79	7
广西	0.84	1	0.66	0.88	1	0.76	0.96	1	0.84	17
重庆	0.85	0.98	0.67	0.89	1	0.73	0.96	1	0.81	31
四川	0.87	1	0.72	0.91	1	0.74	0.94	1	0.72	32
贵州	0.87	1	0.78	0.93	1	0.84	0.93	1	0.78	8
云南	0.88	0.98	0.76	0.95	1	0.87	0.88	1	0.84	12
陕西	0.85	1	0.67	0.97	1	0.88	0.88	1	0.75	28
甘肃	0.85	1	0.67	0.97	1	0.88	0.88	1	0.75	13
青海	0.85	1	0.75	0.93	1	0.86	0.92	1	0.80	8
宁夏	0.90	1	0.79	0.99	1	0.91	0.92	1	0.79	11

数据来源：西南财经大学中国家庭金融调查与研究中心"2015年城乡社区治理调查"数据。

表3-12 第三阶段 DEA 模型的东、中、西部效率结果

区域	平均综合效率	平均纯技术效率	平均规模效率	社区数量（个）
东部地区	0.85	0.88	0.97	372
中部地区	0.86	0.88	0.98	176
西部地区	0.86	0.92	0.94	167
全国	0.86	0.89	0.97	715

数据来源：西南财经大学中国家庭金融调查与研究中心"2015年城乡社区治理调查"数据。

（四）第一阶段与第三阶段城市社区公共服务供给总效率的比较

首先，将第一阶段与第三阶段社区公共服务项目中达到效率前沿面的城市社区进行比较，如表3-13所示，在第一阶段，能够达到效率前沿面的社区，即综合效率、纯技术效率、规模效率都能达到1的社区覆盖18个省（区、市）36个社区，占统计样本社区的5.03%；在第三阶段，能够达到效率前沿面的社区，覆盖21个省（区、市）32个社区，占统计样本的4.48%。相对于第一阶段 DEA 结果来说，最优效率社区减少了4个。在控制了环境影响与随机误差的情况下，北京、内蒙古、上海、江苏、广东、安徽、青海这7个省（区、市）从原本无最优效率社区变为有最优效率社区。

表3-13 第一阶段与第三阶段社区公共服务项目供给效率比较

	未达到最优效率的社区所在省（区、市）	达到最优效率的社区所在省（区、市）
城市社区公共服务 DEA 效率分析结果（第一阶段）	北京、河北、江苏、广东、海南、上海、青海、重庆、内蒙古、安徽、山西	天津、辽宁、吉林、黑龙江、浙江、福建、江西、山东、河南、湖北、湖南、广西、四川、贵州、云南、陕西、甘肃、宁夏

续表

	未达到最优效率的社区所在省（区、市）	达到最优效率的社区所在省（区、市）
城市社区公共服务DEA效率分析结果（第三阶段）	河北、海南、山西、吉林、江西、重庆、云南、陕西	北京、天津、内蒙古、辽宁、黑龙江、上海、江苏、浙江、安徽、福建、山东、河南、湖北、湖南、广东、广西、四川、贵州、甘肃、青海、宁夏

数据来源：西南财经大学中国家庭金融调查与研究中心"2015年城乡社区治理调查"数据。

其次，将第一阶段与第三阶段省（区、市）间的城市社区公共服务平均效率进行比较，如表3-14所示，可以发现，在综合效率上，29个省（区、市）剔除了环境因素和随机误差外后综合效率都明显提升。其中提升最快的3个分别是北京（0.63）、内蒙古（0.61）、上海（0.60）。在纯技术效率上，提升最快的3个分别是海南（0.57）、广东（0.55）、上海（0.54）。在规模效率上，提升最快的3个是北京（0.56）、天津（0.42）、河北（0.39）。

表3-14 第一阶段与第三阶段省（区、市）间城市社区公共服务供给效率比较

省（区、市）	综合效率平均值（第一阶段）	纯技术效率平均值（第一阶段）	规模效率平均值（第一阶段）	综合效率平均值（第三阶段）	纯技术效率平均值（第三阶段）	规模效率平均值（第三阶段）	社区数量（个）
北京	0.22	0.71	0.31	0.85	0.98	0.87	24
天津	0.45	0.85	0.51	0.90	0.97	0.93	23
河北	0.41	0.70	0.58	0.91	0.95	0.97	23
辽宁	0.43	0.61	0.71	0.82	0.84	0.98	48
江苏	0.36	0.44	0.82	0.87	0.88	0.99	38
浙江	0.30	0.38	0.80	0.85	0.86	0.99	42
福建	0.31	0.36	0.82	0.87	0.88	0.99	27
山东	0.37	0.42	0.85	0.86	0.87	0.99	39

续表

省 (区、市)	综合效率 平均值 (第一阶段)	纯技术效 率平均值 (第一阶段)	规模效率 平均值 (第一阶段)	综合效率 平均值 (第三阶段)	纯技术效 率平均值 (第三阶段)	规模效率 平均值 (第三阶段)	社区数量 (个)
广东	0.27	0.30	0.91	0.82	0.85	0.97	60
海南	0.28	0.30	0.95	0.85	0.87	0.97	17
上海	0.22	0.29	0.77	0.82	0.83	0.99	31
山西	0.26	0.48	0.58	0.85	0.90	0.94	23
吉林	0.31	0.49	0.66	0.84	0.87	0.96	21
黑龙江	0.48	0.70	0.71	0.88	0.90	0.98	26
安徽	0.38	0.58	0.74	0.88	0.89	0.99	12
江西	0.53	0.60	0.88	0.87	0.88	0.99	14
河南	0.48	0.56	0.86	0.89	0.90	0.99	18
湖北	0.34	0.38	0.87	0.85	0.87	0.99	30
湖南	0.34	0.40	0.87	0.84	0.85	0.98	32
内蒙古	0.25	0.37	0.67	0.86	0.90	0.95	7
广西	0.44	0.45	0.96	0.84	0.88	0.96	17
重庆	0.37	0.42	0.89	0.85	0.89	0.96	31
四川	0.39	0.44	0.92	0.87	0.91	0.96	32
贵州	0.57	0.67	0.89	0.87	0.93	0.94	8
云南	0.50	0.74	0.75	0.88	0.95	0.93	12
陕西	0.31	0.44	0.76	0.85	0.97	0.88	28
甘肃	0.41	0.55	0.79	0.85	0.97	0.88	13
青海	0.35	0.47	0.71	0.85	0.93	0.92	8
宁夏	0.64	0.89	0.71	0.90	0.99	0.92	11

数据来源：西南财经大学中国家庭金融调查与研究中心"2015年城乡社区治理调查"数据。

最后，从地域上对两个阶段 DEA 效率结果进行比较。如表3-15 所示，在综合效率上，东部地区城市社区公共服务综合效率平均值从第一阶段的 0.33 上升到第三阶段的 0.85，中部地区从第一阶段的 0.38 上升到第三阶段的 0.86，西部地区从第一阶段的 0.40 上升到第三阶段的 0.86，说明外在环境因素对东部、中部、西部地区的综合效率均有影响,其中对东部地区的影响最大。若在相同的环境下,东部地区的社区公共服务综合效率提升最快。

在纯技术效率上,东部地区从第一阶段的0.47上升到第三阶段的0.88,中部地区从第一阶段的0.51上升到第三阶段的0.88,西部地区从第一阶段的0.51上升到第三阶段的0.92,说明外在环境因素对于东部、中部、西部地区的纯技术效率均有明显影响。

在规模效率上,东部地区从第一阶段的0.76上升到第三阶段的0.97,中部地区从第一阶段的0.77上升到第三阶段的0.98,西部地区从第一阶段的0.84上升到第三阶段的0.94,说明外在环境因素对于东部、中部、西部地区的规模效率均有影响,其中,对东部地区的规模效率影响较中部地区、西部地区更大。

全国715个城市样本社区,在社区平均综合效率上,第三阶段相对于第一阶段提高了0.50,达到0.86;在社区平均纯技术效率上,第三阶段相对于第一阶段提高了0.40,达到0.89;在社区平均规模效率上,第三阶段相对于第一阶段提高了0.19,达到0.97,说明外在环境因素对全国社区平均综合效率、平均纯技术效率、平均规模效率都有明显影响,在剔除了环境因素、随机误差后,整体的社区公共服务效率有显著提升。

表3-15 第一阶段与第三阶段区域之间社区公共服务供给效率比较

区域	综合效率平均值(第一阶段)	纯技术效率平均值(第一阶段)	规模效率平均值(第一阶段)	综合效率平均值(第三阶段)	纯技术效率平均值(第三阶段)	规模效率平均值(第三阶段)	社区数量(个)
东部地区	0.33	0.47	0.76	0.85	0.88	0.97	372
中部地区	0.38	0.51	0.77	0.86	0.88	0.98	176
西部地区	0.40	0.51	0.84	0.86	0.92	0.94	167
全国	0.36	0.49	0.78	0.86	0.89	0.97	715

数据来源:西南财经大学中国家庭金融调查与研究中心"2015年城乡社区治理调查"数据。

第四章　城市社区公共服务项目的供给效率及影响因素

一　城市社区公共服务项目的供给效率评价

(一) 城市社区公共服务项目

西南财经大学中国家庭金融调查与研究中心"2015年城乡社区治理调查"数据显示，在城市社区公共服务经费中，项目经费（社区专项公共经费、社区承接上级政府的公共服务项目经费、社区配套上级政府的公共服务项目经费）占到了总投入的50.3%，已超越了传统的社区公共事务投入（46.4%）。可见，要深入剖析城市社区公共服务的供给效率，就不能够忽视对当前社区公共服务项目供给的效率及影响因素的分析。

项目遵从一事一议原则，具有强烈的事本主义特点，从项目目标操作实施流程、项目监管和评估方式都有具体且详细的规定。项目具有目标性、技术性、时效性等特点，具有较大的优势，受到各级政府的重视。许多社会公共服务领域开始以项目的方式推行。本研究所涉及的城市社区公共服务项目是指以项目的方式进行供给的城市社区公共服务，其他非项目供给方式的城市社区公共服务不纳入其中。

尽管研究普遍认为项目供给方式有利于提升社区供给绩效，但是却较少有实证数据的支持。例如，陈晖认为如果采用项目供给方式，政府购买的主体责任会更清晰、明确，而社区公共服务的数量和质量也能得以保证。[①] 那么，项目供给方式是否能够提高城市社区公共服务的供给效率？其影响因素又是什么呢？

本章借用三阶段 DEA 模型，针对 2014 年开展社区公共服务项目的城市社区进行供给效率分析，旨在发现城市社区公共服务项目供给的效率以及影响项目供给效率的因素。

（二）变量的选择以及数据说明

对城市社区公共服务项目供给效率进行有效评价，需要科学确定投入变量、产出变量、环境变量及其相应的指标。为了与城市社区公共服务供给总效率进行比较，除了在投入变量上的资金投入上采用城市社区公共项目投入外，其他的变量和指标，基本与其保持一致。具体来说，投入变量分为两类。一类是城市社区公共服务项目经费，即将城市社区专项公共经费、城市社区承接上级政府的公共服务项目经费、城市社区配套上级政府的公共服务项目经费这三部分项目经费进行加总合并，作为城市社区公共服务项目经费投入。另一类是社区公共服务项目人员的投入。由于在社区层级，社区公共服务的项目人员不会单独进行招聘，实际的项目人员就是社区"两委"工作人员及社区雇用专职人员，因而社区公共服务项目人员即社区"两委"工作人员与社区雇用专职人员的总数。产出变量仍采用社区文化公共服务、社区社会组织服务、社区社会性公共服务、社区教育公共服务、社区法律

---

① 陈晖：《论政府购买社区公共服务》，《云南行政学院学报》2009 年第 2 期。

第四章 城市社区公共服务项目的供给效率及影响因素

公共服务、社区计划生育公共服务、社区社会保障公共服务、社区卫生环境公共服务、社区就业公共服务。环境变量同样采用社区经济发展水平、社区干部激励政策、社区参与水平、社区精英水平、社区人口结构、社区城市化水平（见表4-1）。

数据处理方式也基本与上一章一致。在上一章715个城市样本社区中，仅仅只有468个有项目投入，占到65.5%。由于 DEA 本身对数据的要求，需要剔除社区项目投入资金为0的数据。因而本章仅仅对具有项目资金投入的468个城市社区进行分析。而没有项目投入的社区，效率值被视为0。

表4-1 城市社区公共服务项目效率评价指标体系表

	一级指标	二级指标
投入变量	社区公共服务项目经费	社区专项公共经费
		社区承接上级政府的公共服务项目经费
		社区配套上级政府的公共服务项目经费
	社区工作人员	社区"两委"工作人员数
		社区雇用专职人员数
产出变量	社区文化公共服务	社区图书室数
	社区社会性公共服务	社区养老床位数
	社区社会组织服务	社区社会组织个数
	社区社会保障公共服务	居民医疗保险参保人数
		居民养老保险参保人数
		最低生活保障领取人数
	社区教育公共服务	社区公共教育服务机构数
	社区法律公共服务	社区戒毒和矫正人员数
	社区计划生育公共服务	社区生育二孩申请服务人数
	社区卫生环境公共服务	社区卫生投诉次数
	社区就业公共服务	社区零就业家庭户数

续表

一级指标		二级指标
环境变量	社区经济发展水平	社区人均可支配收入
	社区干部激励政策	社区书记事业编制
	社区参与水平	社区召开居民大会的次数
		社区选举中社区居民登记人数
	社区精英水平	社区党员人数
		社区党员大专及以上学历人数
		社区"两委"大专及以上学历人数
	社区人口结构	社区户籍人口数
		社区人口密度
		社区60岁以上老人数
	社区城市化水平	社区非农业人口数

（三）城市社区公共服务项目投入产出变量的描述分析

如表4-2所示，在715个城市社区中，东部地区具有社区公共服务项目资金投入的城市社区有252个，占东部社区的67.74%；中部地区具有社区公共服务项目资金投入的城市社区有106个，占中部社区的60.23%；西部地区具有社区公共服务项目资金投入的社区有110个，占西部社区的65.87%。而安徽、江西、河南、广西、甘肃、青海、宁夏、内蒙古、贵州这些省（区）有项目投入的社区相对较少。下面将从社区、省际、区域三个层面对社区公共服务项目的效率进行比较分析。

表4-2 社区分布情况（项目投入下）

单位：个

省（区、市）	社区数量	省（区、市）	社区数量	省（区、市）	社区数量
北京	20（24）	山西	17（23）	内蒙古	5（7）
天津	18（23）	吉林	11（21）	广西	9（17）
河北	9（23）	黑龙江	9（26）	重庆	22（31）
辽宁	26（48）	安徽	8（12）	四川	28（32）
江苏	29（38）	江西	9（14）	贵州	6（8）
浙江	24（42）	河南	5（18）	云南	8（12）
福建	23（27）	湖北	23（30）	陕西	16（28）
山东	25（39）	湖南	24（32）	甘肃	5（13）
广东	44（60）			青海	5（8）
海南	12（17）			宁夏	6（11）
上海	22（31）				
东部地区	252（372）	中部地区	106（176）	西部地区	110（167）

数据来源：西南财经大学中国家庭金融调查与研究中心"2015年城乡社区治理调查"数据。

注：括号里是总投入下的社区数量，括号外是项目投入下的社区数量。

如表4-3所示，从投入变量来看，在统计的468个城市社区中，社区公共服务项目资金投入的平均值为54.99万元，最小值为0.001万元，最大值为4000万元。在城市社区公共服务项目人员投入上，平均值为24.91人，最小值为3人，最大值为534人，标准差为44.74人。

从产出变量来看，社区图书室数的平均值只有1.12个，最多的社区有19个图书室；社区社会组织个数平均值为4.09个，最多的社区有98个社会组织；社区养老床位数的平均值为7.34张，最多的社区能达到300张；居民医疗保险参保人数的平均值为5274.63人，最高的社区人数可达50163人；居民养老保险参保人数的平均值为4911.17人，最高的社区人数可达44756人；最低生活保障领取人数平均值为127.34人，最高的社区可到

3100 人；社区公共教育服务机构数的平均值为 1.71 个，最多的社区高达 191 个；社区戒毒和矫正人员数的平均值为 8.77 人，人数最多的社区高达 502 人；社区二孩申请服务人数的平均值为 13.77 人，人数最多的社区高达 500 人；社区卫生投诉次数的平均值为 5.70 次，次数最多的社区高达 300 次；社区零就业家庭户数的平均值为 23.37 户，最多的零就业家庭户数为 1500 户。

表 4-3 城市社区公共服务项目投入与产出的描述

投入变量	最小值	最大值	平均值	标准差	样本量（个）
社区公共服务项目资金投入（万元）	0.001	4000	54.99	234.57	468
社区工作人员投入（人）	3	534	24.91	44.74	468
产出变量	最小值	最大值	平均值	标准差	样本量
社区图书室数（个）	0	19	1.12	1.16	468
社区社会组织个数（个）	0	98	4.09	7.34	468
社区养老床位数（张）	0	300	7.34	31.09	468
居民医疗保险参保人数（人）	0	50163	5274.63	4982.62	468
居民养老保险参保人数（人）	0	44756	4911.17	4609.62	468
最低生活保障领取人数（人）	0	3100	127.34	284.53	468
社区公共教育服务机构数（个）	0	191	1.71	9.16	468
社区戒毒和矫正人员数（人）	0	502	8.77	26.57	468
社区二孩申请服务人数（人）	0	500	13.77	34.66	468
社区卫生投诉次数（次）	0	300	5.70	21.87	468
社区零就业家庭户数（户）	0	1500	23.37	85.09	468

数据来源：西南财经大学中国家庭金融调查与研究中心"2015 年城乡社区治理调查"数据。

二 实证结果及影响因素分析

（一）第一阶段：传统 DEA 分析结果

运用 DEAP 2.1 软件对 2014 年全国 468 个实施了社区公共服

务项目的社区进行传统 DEA 分析，采用投入导向 BBC 模型，得到 468 个城市社区公共服务项目的综合效率、纯技术效率、规模效率；29 个省（区、市）城市社区公共服务项目的平均综合效率、平均纯技术效率和平均规模效率；东部、中部、西部的城市社区公共服务项目的平均综合效率、平均纯技术效率和平均规模效率。

能够达到效率前沿面的社区，即综合效率、纯技术效率、规模效率都能达到 1 的社区覆盖 16 个省（区、市）34 个社区，占到统计样本的 7.26%。分别为天津（3 个）、辽宁（6 个）、黑龙江（1 个）、江苏（1 个）、浙江（1 个）、福建（2 个）、江西（2 个）、山东（2 个）、湖北（2 个）、湖南（2 个）、广东（2 个）、广西（1 个）、四川（4 个）、甘肃（1 个）、青海（2 个）、宁夏（2 个）。而北京、河北、吉林、河南、海南、重庆、陕西、山西、内蒙古、安徽、上海、贵州、云南没有达到效率前沿面的社区。

首先，将社区公共服务供给的总效率与社区公共服务供给的项目效率进行比较（见表 4-4），可以发现，在社区公共服务供给总效率下，吉林、河南、贵州、云南、陕西有最优效率的社区，而在社区公共服务项目效率下，没有最优效率社区。江苏、广东、青海这 3 个省在社区公共服务供给总效率下没有最优效率社区，而在社区公共服务项目效率下，有最优效率社区。北京、河北、海南、上海、重庆、安徽、山西、内蒙古这 8 个省（区、市）无论是在社区公共服务供给总效率下，还是在社区公共服务项目效率下，都没有最优效率社区；天津、辽宁、黑龙江、浙江、福建、江西、山东、湖北、湖南、广西、四川、甘肃、宁夏这 13 个省（区、市）无论是在社区公共服务供给总效率下，还是在社区公共服务项目效率下，都有最优效率社区。

表 4-4　城市社区公共服务供给总效率与社区公共服务项目供给效率（第一阶段）的比较

	未达到最优效率的城市社区所在省（区、市）	达到最优效率的城市社区所在省（区、市）
社区公共服务供给总效率 DEA 分析结果（第一阶段）	北京、河北、江苏、广东、海南、上海、青海、重庆、内蒙古、安徽、山西	天津、辽宁、吉林、黑龙江、浙江、福建、江西、山东、河南、湖北、湖南、广西、四川、贵州、云南、陕西、甘肃、宁夏
社区公共服务项目效率 DEA 分析结果（第一阶段）	北京、河北、吉林、河南、海南、重庆、陕西、山东、内蒙古、安徽、上海、贵州、云南	天津、辽宁、黑龙江、江苏、浙江、福建、江西、山东、湖北、湖南、广东、广西、四川、甘肃、青海、宁夏

数据来源：西南财经大学中国家庭金融调查与研究中心"2015 年城乡社区治理调查"数据。

然后，从各省（区、市）社区公共服务的项目效率（见表 4-5）来看，各省（区、市）之间的差异也非常明显。在社区公共服务项目平均综合效率上，排在前三位的是宁夏（0.79）、贵州（0.77）、江西（0.71），排在后三位的是上海（0.31）、北京（0.27）、内蒙古（0.24），最大值是最小值的 3.29 倍，说明各省（区、市）之间的社区公共服务项目综合效率差异较大。在社区公共服务项目平均纯技术效率上，排在前三位的是宁夏（0.97）、甘肃（0.89）、贵州（0.88），排在后三位的是浙江（0.42）、内蒙古（0.37）、广东（0.37）、上海（0.36），最大值是最小值的 2.69 倍，说明各省（区、市）之间在平均纯技术效率上差异也较大。在社区公共服务项目平均规模效率上，排在前三位的是江西（0.95）、山东（0.91）、海南（0.91）、湖北（0.90）、广西（0.90）、广东（0.90），排在后三位的是甘肃（0.59）、北京（0.36）、辽宁（0.11），最大值是最小值的 8.64 倍，说明各省（区、市）之间的社区公共服务项目规模效率差异非常大。与省（区、市）之间的社区公共服务供给总效率相比，社区公共服务项目的综合效率、规模效率相对高，各省（区、市）之间的差距

表 4-5 第一阶段各省（区、市）城市社区公共服务项目供给效率的 DEA 结果

省（区、市）	平均综合效率	综合效率最大值	综合效率最小值	平均纯技术效率	纯技术效率最大值	纯技术效率最小值	平均规模效率	规模效率最大值	规模效率最小值	社区数量（个）
北京	0.27	0.58	0.06	0.81	1	0.30	0.36	0.77	0.06	20
天津	0.59	1	0.03	0.80	1	0.05	0.72	1	0.50	18
河北	0.57	0.89	0.25	0.74	1	0.29	0.77	1	0.62	9
辽宁	0.53	1	0.09	0.58	1	0.11	0.11	1	0.56	26
江苏	0.47	1	0.07	0.53	1	0.07	0.89	1	0.66	29
浙江	0.35	1	0.05	0.42	1	0.06	0.87	1	0.62	24
福建	0.42	1	0.14	0.48	1	0.17	0.87	1	0.65	23
山东	0.49	1	0.05	0.53	1	0.07	0.91	1	0.72	25
广东	0.33	1	0.03	0.37	0.84	0.04	0.90	1	0.64	44
海南	0.52	0.90	0.03	0.62	1	0.04	0.83	0.96	0.66	12
上海	0.31	0.74	0.01	0.36	1	0.01	0.87	1	0.42	22
山西	0.33	0.85	0.10	0.50	1	0.12	0.78	0.97	0.36	17
吉林	0.40	0.75	0.19	0.50	1	0.26	0.82	1	0.63	11
黑龙江	0.62	1	0.27	0.70	1	0.36	0.87	1	0.75	9
安徽	0.36	0.53	0.18	0.57	1	0.18	0.75	1	0.32	8

续表

省（区、市）	平均综合效率	综合效率最大值	综合效率最小值	平均纯技术效率	纯技术效率最大值	纯技术效率最小值	平均规模效率	规模效率最大值	规模效率最小值	社区数量（个）
江西	0.71	1	0.33	0.74	1	0.37	0.95	1	0.85	9
河南	0.59	0.99	0.30	0.65	1	0.30	0.89	1	0.79	5
湖北	0.41	1	0.16	0.46	1	0.19	0.90	1	0.78	23
湖南	0.45	1	0.04	0.50	1	0.04	0.91	1	0.72	24
内蒙古	0.24	0.42	0.11	0.37	1	0.12	0.80	0.94	0.42	5
广西	0.44	1	0.24	0.52	1	0.25	0.90	1	0.41	9
重庆	0.43	0.94	0.15	0.53	1	0.17	0.82	1	0.31	22
四川	0.45	1	0.19	0.53	1	0.19	0.88	1	0.33	28
贵州	0.77	1	0.36	0.88	1	0.39	0.88	1	0.79	6
云南	0.60	0.98	0.17	0.84	1	0.22	0.73	0.98	0.33	8
陕西	0.39	0.54	0.23	0.57	1	0.28	0.70	0.93	0.42	16
甘肃	0.51	1	0.17	0.89	1	0.46	0.59	1	0.17	5
青海	0.61	1	0.18	0.69	1	0.32	0.82	1	0.57	5
宁夏	0.79	1	0.51	0.97	1	0.83	0.80	1	0.52	6

数据来源：西南财经大学中国家庭金融调查与研究中心"2015年城乡社区治理调查"数据。

相对较大。而在纯技术效率上低于省（区、市）之间的社区公共服务供给总效率，省（区、市）之间的差异相对较小。

从各省（区、市）内社区之间的公共服务项目效率来看，社区之间公共服务项目的综合效率最大值与最小值之间差异最大排在前三位的分别是天津（0.97）、广东（0.97）、湖南（0.96）、浙江（0.95）、山东（0.95），排在后三位的分别是宁夏（0.49）、安徽（0.35）、内蒙古（0.31）、陕西（0.31），说明天津、广东、湖南、浙江、山东这些省（市）内社区之间在综合效率上的差异非常大。省（区、市）社区之间社区公共服务项目纯技术效率最大值与最小值之间差异最大排在前三位的分别是广东（0.96）、海南（0.96）、湖南（0.96）、天津（0.95）、浙江（0.94），排在后三位的分别是贵州（0.61）、甘肃（0.54）、宁夏（0.17）。省（区、市）社区之间社区公共服务项目的规模效率最大值与最小值之间差异最大排在前三位的分别是甘肃（0.83）、北京（0.71）、重庆（0.69），排在后三位的分别是湖北（0.22）、河南（0.21）、贵州（0.21）、江西（0.15）。

最后，从区域性差别（见表4-6）来看，东部地区社区公共服务项目的平均综合效率为0.42，平均纯技术效率为0.53，平均规模效率为0.83，相对于总投入下的社区公共服务的平均综合效率、平均纯技术效率、平均规模效率都有所提高，说明东部地区的社区公共服务项目效率在未剔除环境变量影响下较社区公共服务总体效率高；中部地区社区公共服务项目的平均综合效率为0.45，平均纯技术效率为0.53，平均规模效率为0.86，相对于总投入下的社区公共服务的平均综合效率、平均纯技术效率、平均规模效率都所提高；西部地区社区公共服务项目的平均综合效率为0.48，平均纯技术效率为0.61，平均规模效率为0.81，相对于总投入下的社区公共服务，平均综合效率、平均纯技术效率都有所提高，平均规模效率略降低。同时，东部地区项目的社区公共服务平均综合效率的提高幅度大于西部地区、中部地区。

在统计的468个有项目投入的社区中,城市社区公共服务项目的平均综合效率为0.44,平均纯技术效率为0.55,平均规模效率为0.83,说明社区公共服务项目效率较低,因而提升的空间非常大,但相对于总投入下的社区公共服务效率有明显的改善。

表4-6 城市社区公共服务项目第一阶段DEA模型的
东、中、西部供给效率

区域	类别	平均综合效率	平均纯技术效率	平均规模效率	社区数量(个)
东部地区	社区公共服务(总投入)	0.33	0.47	0.76	372
	社区公共服务(项目投入)	0.42	0.53	0.83	252
中部地区	社区公共服务(总投入)	0.38	0.51	0.77	176
	社区公共服务(项目投入)	0.45	0.53	0.86	106
西部地区	社区公共服务(总投入)	0.40	0.51	0.84	167
	社区公共服务(项目投入)	0.48	0.61	0.81	110
全国	社区公共服务(总投入)	0.36	0.49	0.78	715
	社区公共服务(项目投入)	0.44	0.55	0.83	468

数据来源:西南财经大学中国家庭金融调查与研究中心"2015年城乡社区治理调查"数据。

(二)第二阶段SFA分析:城市社区公共服务项目供给效率的影响因素

应用Frontier 4.1软件,根据SFA分析结果来调整各社区项目的原始投入值,分离出随机误差以及环境因素的影响。以第一阶段DEA模型的松弛变量(投入差额值,即原始投入与目标投入的差额)作为因变量,将社区经济发展水平、社区干部激励政策、社区参与水平、社区精英水平、社区人口结构、社区城市化水平这6个环境变量作为自变量,并采用相应的指标,利用最大似然估计进行分析。

首先，计算环境变量对于社区公共服务项目经费投入松弛变量的影响。结果如表4-7所示：γ值为1，且在1%的水平上非常显著，说明采用 SFA 模型进行分析十分合理。再从这6个环境变量对于社区公共服务总投入松弛变量的影响来看，发现社区经济发展水平、社区干部激励政策、社区精英水平、社区城市化水平、社区参与水平这5个变量对于社区公共服务项目经费松弛变量的影响在1%的水平上显著，具体表现在人均可支配收入、社区书记事业编制、社区党员大专及以上学历人数、社区"两委"大专及以上学历人数、社区党员人数、社区非农业人口数、社区召开居民大会次数、社区居民参与社区选举人数这8个指标上。而社区人口结构变量及相应的社区人口密度、社区60岁以上老人数、社区户籍人口数指标并不显著，因而将其剔除。

表4-7 城市社区公共服务项目投入松弛变量的 SFA 回归模型结果

自变量	相关系数	标准差	T值
常数项	-2541878.10	1	-2541878.10
人均可支配收入	234729.86	1	234729.86
社区"两委"大专及以上学历人数	-14469.06	1	-14469.06
社区非农业人口数	-111361.77	1	-111361.77
社区书记事业编制	667084.35	1	667084.35
社区召开居民大会的次数	-3729.84	1	-3729.84
社区居民参与社区选举人数	23563.51	1	23563.51
社区党员大专及以上学历人数	-37041.51	1	-37041.51
社区党员人数	12450.59	1	12450.59
σ^2	12193831000000.00	1	12193831000000.00
γ	1	0.02	50.71
LR 单边误差检验	257.50		

数据来源：西南财经大学中国家庭金融调查与研究中心"2015年城乡社区治理调查"数据。

同样，利用SFA模型对社区工作人员项目投入的松弛变量进行分析，如表4-8所示，γ值为1，且在1%的水平上非常显著，充分说明采用SFA模型分析是合理的。再从上述5个环境变量对于社区公共服务总投入松弛变量的影响来看，都在1%的水平上非常显著。

表4-8 城市社区工作人员项目投入松弛变量的SFA回归模型结果

自变量	相关系数	标准差	T值
常数项	-2.39	0.74	-3.21
人均可支配收入	0.74	0.24	3.08
社区"两委"大专及以上学历人数	0.03	0	7.57
社区非农业人口数	0.17	0.07	2.45
社区书记事业编制	1.77	0.48	3.72
社区召开居民大会的次数	-0.08	0.02	-3.96
社区居民参与社区选举的人数	-0.20	0.01	-19.38
社区党员大专及以上学历人数	0.64	0.34	1.88
社区党员人数	-0.79	0.34	-2.35
σ^2	4020.92	0.99	4081.27
γ	1	0	7037592.40
LR单边误差检验	471.23		

数据来源：西南财经大学中国家庭金融调查与研究中心"2015年城乡社区治理调查"数据。

那么，从第二阶段的SFA分析中可以看出，影响城市社区公共服务项目效率的因素主要体现在5个环境变量及其对应的8个指标上。具体如下。

1. 社区经济发展水平

人均可支配收入对于城市社区公共服务项目投入松弛变量、城市社区公共服务项目人员投入松弛变量的回归系数为正数，说明人均可支配收入对于城市社区公共项目的效率具有负效应，即人均可支配收入越高，城市社区公共服务项目经费利用和公共服务项目人员的效率越低。人均收入更高的城市社区，社区居民可能会更有经济能力去购买市场化的服务产品，因而对于社区层级供给的社区公共服务项目的需求并不强烈，同时缺乏对其效率的监管。同时，人均可支配收入越高的社区，社区公共服务项目人员的工资会相对较低，造成工作积极性的缺乏，不利于服务效率的提升。

2. 社区精英水平

（1）社区"两委"大专及以上学历人数：社区"两委"大专及以上学历人数对于社区公共服务项目投入松弛变量为负数，说明社区"两委"大专及以上学历人数越多，社区公共服务项目经费的利用效率就越高。但是社区"两委"大专及以上学历人数对于社区公共服务项目人员投入松弛变量为正数，说明社区"两委"大专及以上学历人数越多，社区公共服务项目人员的效率就越低。可见社区"两委"人员的学历水平能够提高项目经费的使用效率，但不利于社区公共服务项目人员的效率提高。原因有可能是高学历的社区"两委"工作人员能够较高效率地执行项目，提供服务，但是难以与低学历的社区公共服务工作人员形成团队，造成服务效率损失。

（2）社区党员人数：社区党员人数对于社区公共服务项目投入松弛变量为正数，说明社区党员人数对社区公共服务项目经费投入具有负效应，即社区党员人数越多，社区公共服务项目经费利用效率越低。这与之前的假设不一致，原因可能是格林尔曼效应带来的，即人数越多，反而出力的人数越少。这说明在社区公共服务项目中应更进一步明晰每位党员的责任，使其能够更有效地发挥作用，才能够促进社区公共服务项目效率的提高。而社区党员人数对于社区公共服务项目人员投入松弛变量为负数，说明社区党员对社区公共服务项目人员投入具有正效应，即社区党员越多，越是能对社区公共服务人员的工作加强监管，能促进工作人员效率的提高。

（3）社区党员大专及以上学历人数：社区党员大专及以上学历人数对于社区公共服务项目投入松弛变量为负数，说明社区党员人数对社区公共服务项目经费投入具有正效应，即社区党员中高学历的人越多，社区公共服务项目资金的使用效率越高。也就是说，尽管社区党员人数的增多并没有提高社区公共服务项目的资金效益，但高学历的社区党员却能提高社区项目资金效益。而社区党员高学历对于社区公共服务项目人员投入松弛变量为正数，说明对社区公共服务项目人员投入具有负效应，即社区党员学历越高，社区公共服务项目人员的效率越低。社区党员人数能够促进社区公共服务项目人员的效率，但是高学历的社区党员可能不愿意对社区公共服务项目人员进行监督。

3. 社区城市化水平

社区非农业人口数对于社区公共服务项目投入松弛变量为负数，说明社区非农业人口对社区公共服务项目经费投入具有正效应，即社区非农业人口越多，社区公共服务项目经费投入的效率越高。这可能跟非农业人口越多，人口素质越高，越对社区公共服务项目资金的使用关注多的原因有关。而社区非农业人口对于社区公共服务项目人员投入松弛变量为正数，说明它对社区公共服务项目人员投入具有负效应，即城市社区的非农业人口越多，社区公共服务项目人员的效率越低。

4. 社区干部激励政策

社区书记事业编制对于社区公共服务项目投入松弛变量、社区公共服务人员投入松弛变量的回归系数均为正数，说明社区书记事业编制对社区公共服务项目投入具有负效应，即实行社区书记事业编制的社区比没有实行社区书记事业编制的社区，社区公共服务项目的资金效率更低。这可能是因为社区书记事业编制属于"铁饭碗"，降低了社区书记努力的动力，不利于社区公共服务项目经费投入效率的提升。同样，书记事业编制无法对社区公共服务项目工作人员起到激励作用。由于项目的非持续性，社区工作人员（除社区书记）难以通过一个项目或几个项目的实施而获得晋升。同时，年度项目的实施无疑会增加社区工作人员的工作量，导致社区工作人员在项目中互相推诿而效率低下。

5. 社区参与水平

（1）社区召开居民大会的次数对于社区公共服务项目投入松弛变量、社区公共服务工作人员投入松弛变量的回归系数均为负数，说明社区召开居民大会的次数对社区公共服务项目投入、社区公共服务项目人员的效率均具有正效应，即召开居民大会越多，社区公共服务项目经费效率越高，社区居民参与率越高，越是能够提高对项目资金、社区工作服务项目人员的监督，越是有利于促进其效率。

（2）社区居民参与社区选举的人数对于社区公共服务项目投入松弛变量的系数为正数，说明社区居民参与社区选举的人数对社区公共服务项目资金投入具有负效应。这与之前的假设不一致，社区居民参与社区选举的人数越多，社区公共服务项目资金效率反而低，原因可能是"选民的无知"，即社区居民对社区公共服务的情况并不是非常了解，也缺乏掌握信息的渠道，说明提升社区居民参与选举的质量比仅仅增加选举参与人数更为重要。社区居民参与社区选举的人数对于社区公共服务人员投入松弛变量为负数，说明对社区公共服务项目人员投入具有正效应，即参与社区选举的居民越多，对社区工作项目人员的监督也就越强，其服务效率也就越高。同样也说明社区居民对于社区公共服务项目人员的监管较对项目资金的监管更为有效一些。

（三）城市社区公共服务项目第三阶段 DEA 模型的结果

在第三阶段，运用在第二阶段调整后的投入数据来替代第一阶段的投入数据，再次运用 DEA 分析中的投入导向模型进行分析，使各社区处于相同的环境与机遇之下，所得效率是剔除了外在环境因素和随机误差后的效率。

首先，从 468 个样本社区来看，在相同的环境与机遇下，能够达到效率前沿面的社区，即综合效率、纯技术效率、规模效率都能达到 1 的社区覆盖 17 个省（区、市）21 个社区，占统计样本的 4.49%。其分别是天津（1 个）、内蒙古（1 个）、辽宁（1 个）、黑龙江（1 个）、江苏（2 个）、浙江（1 个）、安徽（1 个）、福建（1 个）、山东（2 个）、湖北（1 个）、湖南（1 个）、广东（2 个）、广西（1 个）、重庆（1 个）、四川（2 个）、甘肃（1 个）、青海（1 个）。

其次，从省（区、市）之间的公共服务效率（见表 4-9）来看，各省（区、市）平均综合效率排在前三位的是宁夏（0.76）、河北（0.74）、江西（0.74）、云南（0.73），排在后三位的是广东（0.56）、上海（0.55）、北京（0.53），最大值是最小值的 1.43 倍。各省（区、市）平均纯技术效率排在前三位的是甘肃（1）、宁夏（0.98）、北京（0.96），排在后三位的是湖南（0.63）、浙江（0.62）、上海（0.59），最大值是最小值的 1.69 倍。平均规模效率排在前三位的是江西（0.98）、安徽（0.96）、山东（0.95）、江苏（0.95），排在后三位的是天津（0.73）、青海（0.72）、北京（0.56），最大值是最小值的 1.75 倍。

再次，从各省（区、市）社区之间的公共服务项目的综合效率、纯技术效率、规模效率来看，差异也是非常明显的。各省（区、市）社区之间综合效率最大值与最小值之间差异最大排前三位的分别是浙江（0.91）、上海（0.90）、广东（0.86），说明这些省（市）内部社区之间的综合效率相差非常大。而差异最小的前三位分别是河南（0.34）、贵州（0.24）、宁夏（0.16），说

第四章 城市社区公共服务项目的供给效率及影响因素

表4-9 第三阶段省（区、市）间城市社区公共服务项目综合效率、纯技术效率、规模效率的比较

省（区、市）	平均综合效率	综合效率最大值	综合效率最小值	平均纯技术效率	纯技术效率最大值	纯技术效率最小值	平均规模效率	规模效率最大值	规模效率最小值	社区数量（个）
北京	0.53	0.83	0.22	0.96	1	0.76	0.56	0.83	0.22	20
天津	0.68	1	0.17	0.91	1	0.60	0.73	1	0.29	18
河北	0.74	0.89	0.51	0.87	1	0.71	0.84	0.91	0.72	9
辽宁	0.62	1	0.21	0.71	1	0.23	0.87	1	0.72	26
江苏	0.65	1	0.24	0.69	1	0.25	0.95	1	0.88	29
浙江	0.58	1	0.09	0.62	1	0.10	0.94	1	0.79	24
福建	0.59	1	0.26	0.64	1	0.39	0.93	1	0.67	23
山东	0.64	1	0.25	0.66	1	0.27	0.95	1	0.77	25
广东	0.56	1	0.14	0.64	1	0.15	0.86	1	0.31	44
海南	0.65	0.87	0.21	0.76	0.94	0.50	0.84	0.97	0.42	12
上海	0.55	0.99	0.09	0.59	0.99	0.12	0.93	1	0.60	22
山西	0.57	0.85	0.30	0.72	1	0.40	0.79	0.91	0.61	17
吉林	0.57	0.78	0.42	0.68	0.98	0.54	0.84	0.99	0.62	11
黑龙江	0.67	1	0.54	0.72	1	0.59	0.93	1	0.89	9
安徽	0.71	1	0.48	0.74	1	0.49	0.96	1	0.89	8

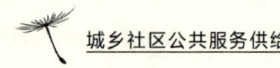

续表

省（区、市）	平均综合效率	综合效率最大值	综合效率最小值	平均纯技术效率	纯技术效率最大值	纯技术效率最小值	平均规模效率	规模效率最大值	规模效率最小值	社区数量（个）
江西	0.74	0.95	0.52	0.76	1	0.56	0.98	1	0.93	9
河南	0.72	0.89	0.55	0.77	0.95	0.61	0.93	1	0.90	5
湖北	0.61	1	0.41	0.66	1	0.46	0.91	1	0.79	23
湖南	0.59	1	0.16	0.63	1	0.16	0.92	1	0.85	24
内蒙古	0.57	1	0.27	0.72	1	0.33	0.80	1	0.54	5
广西	0.66	1	0.40	0.74	1	0.48	0.89	1	0.72	9
重庆	0.59	1	0.36	0.70	1	0.40	0.84	1	0.59	22
四川	0.66	1	0.38	0.78	1	0.46	0.85	1	0.48	28
贵州	0.69	0.78	0.54	0.92	1	0.65	0.76	0.88	0.54	6
云南	0.73	0.85	0.46	0.92	1	0.68	0.80	0.92	0.63	8
陕西	0.63	0.86	0.46	0.84	1	0.61	0.75	0.86	0.57	16
甘肃	0.68	1	0.37	1	1	1	0.68	1	0.37	5
青海	0.64	1	0.38	0.88	1	0.74	0.72	1	0.52	5
宁夏	0.76	0.83	0.67	0.98	1	0.90	0.77	0.83	0.71	6

数据来源：西南财经大学中国家庭金融调查与研究中心"2015年城乡社区治理调查"数据。

明这些省（区）内部社区之间的综合效率差异相对较小。各省（区、市）社区之间纯技术效率最大值与最小值之间差异最大排前三位的分别是浙江（0.90）、上海（0.87）、广东（0.85），说明这些省（市）内部社区之间的纯技术效率相差非常大。而差异最小的前三位分别是北京（0.24）、青海（0.10）、甘肃（0），说明这些省（市）内部社区之间的纯技术效率差异相对较小。各省（区、市）社区之间规模效率最大值与最小值之间差异最大排前三位的分别是天津（0.71）、广东（0.69）、甘肃（0.63），说明这些省（市）内部社区之间的规模效率相差非常大。而差异最小的前三位分别是黑龙江（0.11）、安徽（0.11）、河南（0.10）、江西（0.07），说明这些省（区）内部社区之间的规模效率差异相对较小。

最后，从区域性差别（见表4-10）来看，东部地区社区之间平均综合效率为0.60，低于中部地区（0.63）、西部地区（0.65），处于全国最低水平；平均纯技术效率为0.71，高于中部地区（0.69），低于西部地区（0.81）；平均规模效率为0.87，低于中部地区（0.90），高于西部地区（0.81）。

表4-10 城市社区公共服务第三阶段DEA模型的东、中、西部项目效率结果

区域	类别	平均综合效率	平均纯技术效率	平均规模效率	社区数量（个）
东部地区	社区公共服务（项目投入）	0.60	0.71	0.87	252
中部地区	社区公共服务（项目投入）	0.63	0.69	0.90	106
西部地区	社区公共服务（项目投入）	0.65	0.81	0.81	110
全国	社区公共服务（项目投入）	0.62	0.73	0.86	468

数据来源：西南财经大学中国家庭金融调查与研究中心"2015年城乡社区治理调查"数据。

三　城市社区公共服务项目供给效率的比较

（一）第一阶段与第三阶段城市社区公共服务项目效率的比较

首先，将第一阶段与第三阶段社区公共服务项目中达到效率前沿面的社区进行比较，如表4-11所示，在第一阶段，能够达到效率前沿面的社区，即综合效率、纯技术效率、规模效率都能达到1的社区覆盖16个省（区、市）34个社区，占到统计样本的7.26%；在第三阶段，能够达到效率前沿面的社区，覆盖17个省（区、市）21个社区，占统计样本的4.49%。相对于第一阶段DEA结果来说，最优效率社区减少了13个。在剔除环境影响与随机误差的情况下，内蒙古、安徽、重庆从原本无最优效率社区增加到有最优效率社区，而宁夏、江西从第一阶段未控制环境变量下拥有最优效率社区变为无最优效率社区。

表4-11　第一阶段与第三阶段城市社区公共服务项目效率比较

	未达到最优效率的社区所在省（区、市）	达到最优效率的社区所在省（区、市）
项目投入下的社区公共服务DEA效率分析结果（第一阶段）	北京、河北、吉林、河南、海南、重庆、陕西、山西、内蒙古、安徽、上海、贵州、云南	天津、辽宁、黑龙江、江苏、浙江、福建、江西、山东、湖北、湖南、广东、广西、四川、甘肃、青海、宁夏
项目投入下的社区公共服务DEA效率分析结果（第三阶段）	北京、河北、吉林、河南、海南、陕西、山西、江西、上海、贵州、云南、宁夏	天津、内蒙古、辽宁、黑龙江、江苏、浙江、安徽、福建、山东、湖北、湖南、广东、广西、重庆、四川、甘肃、青海

数据来源：西南财经大学中国家庭金融调查与研究中心"2015年城乡社区治理调查"数据。

第四章 城市社区公共服务项目的供给效率及影响因素

其次，比较第一阶段与第三阶段省（区、市）间城市社区公共服务项目的平均效率。如表4-12所示，在平均综合效率上，除了贵州、宁夏这2个省（区）在剔除了环境因素和随机误差外后效率有所下降外，其余的27个省（区、市）的平均综合效率都有所提高。其中提升最快的3个省（区、市）分别是安徽（0.35）、内蒙古（0.33）、北京（0.26）。在平均纯技术效率上，29个省（区、市）都有所提升。其中提升最快的4个省（区、市）分别是内蒙古（0.35）、广东（0.27）、陕西（0.27）、四川（0.25）。在平均规模效率上，除广东、广西、四川、贵州、青海、宁夏6个省（区）在剔除了环境因素和随机误差下，效率有所下降，内蒙古效率不变外，其余的22个省（区、市）都有所提升。其中，提升较快的3个省（区、市）是辽宁（0.76）、安徽（0.21）、北京（0.20）。

表4-12 第一阶段与第三阶段省（区、市）间城市社区公共服务项目供给效率比较

省 （区、市）	综合 效率平均值 （第一阶段）	纯技术效 率平均值 （第一阶段）	规模效率 平均值 （第一阶段）	综合 效率平均值 （第三阶段）	纯技术效 率平均值 （第三阶段）	规模效率 平均值 （第三阶段）	社区数量 （个）
北京	0.27	0.81	0.36	0.53	0.96	0.56	20
天津	0.59	0.80	0.72	0.68	0.91	0.73	18
河北	0.57	0.74	0.77	0.74	0.87	0.84	9
辽宁	0.53	0.58	0.11	0.62	0.71	0.87	26
江苏	0.47	0.53	0.89	0.65	0.69	0.95	29
浙江	0.35	0.42	0.87	0.58	0.62	0.94	24
福建	0.42	0.48	0.87	0.59	0.64	0.93	23
山东	0.49	0.53	0.91	0.64	0.66	0.95	25
广东	0.33	0.37	0.90	0.56	0.64	0.86	44
海南	0.52	0.62	0.83	0.65	0.76	0.84	12
上海	0.31	0.36	0.87	0.55	0.59	0.93	22
山西	0.33	0.50	0.78	0.57	0.72	0.79	17

续表

省 (区、市)	综合效率平均值 (第一阶段)	纯技术效率平均值 (第一阶段)	规模效率平均值 (第一阶段)	综合效率平均值 (第三阶段)	纯技术效率平均值 (第三阶段)	规模效率平均值 (第三阶段)	社区数量 (个)
吉林	0.40	0.50	0.82	0.57	0.68	0.84	11
黑龙江	0.62	0.70	0.87	0.67	0.72	0.93	9
安徽	0.36	0.57	0.75	0.71	0.74	0.96	8
江西	0.71	0.74	0.95	0.74	0.76	0.98	9
河南	0.59	0.65	0.89	0.72	0.77	0.93	5
湖北	0.41	0.46	0.90	0.61	0.66	0.91	23
湖南	0.45	0.50	0.91	0.59	0.63	0.92	24
内蒙古	0.24	0.37	0.80	0.57	0.72	0.80	5
广西	0.44	0.52	0.90	0.66	0.74	0.89	9
重庆	0.43	0.53	0.82	0.59	0.70	0.84	22
四川	0.45	0.53	0.88	0.66	0.78	0.85	28
贵州	0.77	0.88	0.88	0.69	0.92	0.76	6
云南	0.60	0.84	0.73	0.73	0.92	0.80	8
陕西	0.39	0.57	0.70	0.63	0.84	0.75	16
甘肃	0.51	0.89	0.59	0.68	1	0.68	5
青海	0.61	0.69	0.82	0.64	0.88	0.72	5
宁夏	0.79	0.97	0.80	0.76	0.98	0.77	6

数据来源：西南财经大学中国家庭金融调查与研究中心"2015年城乡社区治理调查"数据。

最后，从地域上对两个阶段 DEA 效率结果进行比较。如表4-13 所示，在社区公共服务项目的平均综合效率上，东部地区从第一阶段的 0.42 上升到第三阶段的 0.60，中部地区从从第一阶段的 0.45 上升到第三阶段的 0.63，西部地区从第一阶段的 0.48 上升到第三阶段的 0.65，说明外在环境因素对东部、中部、西部地区的综合效率均有影响。西部地区平均综合效率的提升幅度相对于东部、中部地区相对偏小。

在平均纯技术效率上,东部地区从第一阶段的 0.53 上升到第三阶段的 0.71,中部地区从第一阶段的 0.53 上升到第三阶段的 0.69,西部地区从第一阶段的 0.61 上升到第三阶段的 0.81,说明外在环境因素对于东部、中部、西部地区的纯技术效率均有明显影响。其中,西部地区相对于东部、中部地区的提升幅度更大一些。

在平均规模效率上,东部地区从第一阶段的 0.83 上升到第三阶段的 0.87,中部地区从第一阶段的 0.86 上升到第三阶段的 0.90,西部地区则没有波动,说明外在环境因素仅仅对东部、中部地区的规模效率有影响。

从全国城市社区公共服务项目效率来看,全国 468 个样本社区,在社区平均综合效率上,第三阶段相对于第一阶段提高了 0.18,达到 0.62;在社区平均纯技术效率上,第三阶段相对于第一阶段提高了 0.18,达到 0.73;在社区平均规模效率上,第三阶段相对于第一阶段提升了 0.03,达到 0.86,说明环境因素对全国社区综合效率、纯技术效率、规模效率都有明显影响。在剔除了环境因素、随机误差后,社区公共服务项目效率有所提升,但仍然不高,需要优化社区公共服务项目的管理效率以及提升社区公共服务项目的规模。

表 4-13 第一阶段与第三阶段区域之间城市社区公共服务项目供给效率的比较

区域	综合效率平均值(第一阶段)	纯技术效率平均值(第一阶段)	规模效率平均值(第一阶段)	综合效率平均值(第三阶段)	纯技术效率平均值(第三阶段)	规模效率平均值(第三阶段)	社区数量(个)
东部地区	0.42	0.53	0.83	0.60	0.71	0.87	252
中部地区	0.45	0.53	0.86	0.63	0.69	0.90	106
西部地区	0.48	0.61	0.81	0.65	0.81	0.81	110
全国	0.44	0.55	0.83	0.62	0.73	0.86	468

数据来源:西南财经大学中国家庭金融调查与研究中心"2015 年城乡社区治理调查"数据。

(二) 城市社区公共服务供给总效率与项目效率的比较

在对城市社区公共服务供给总效率与项目效率进行比较时，采用的是社区层面、省（区、市）层面、区域层面的平均效率。

首先，从社区层面对城市社区公共服务供给总效率和项目效率进行比较。总投入下的715个样本社区，在相同的环境与机遇下，能够达到效率前沿面的城市社区，覆盖21个省（区、市）32个社区，占统计样本的4.48%。项目投入下的468个样本社区，在相同的环境与机遇下，能够达到效率前沿面的城市社区，覆盖17个省（区、市）21个社区，占统计样本的4.49%。从占比上来看，项目投入下的社区公共服务效率最优社区的比例有所提升，但是省（区、市）覆盖面上有所下降。

其次，从省（区、市）层面对城市社区公共服务总效率和项目效率进行比较。如表4-14所示，除甘肃省外无论是在综合效率，还是在纯技术效率、规模效率上，其他省（区、市）间的社区公共服务项目效率比社区公共服务总效率都有所降低。具体来说，社区公共服务项目的综合效率平均值下降最快排在前三位的为北京（0.32）、内蒙古（0.29）、福建（0.28）、山西（0.28）。社区公共服务项目的纯技术效率平均值下降最快的排在前三位的为浙江（0.24）、福建（0.24）、上海（0.24）、湖南（0.22）、山东（0.21）、广东（0.21）、湖北（0.21）。社区公共服务项目的规模效率平均值下降排在前三位的为北京（0.31）、天津（0.20）、甘肃（0.20）、青海（0.20）、贵州（0.18）。

最后，从区域层面比较社区公共服务总效率与项目效率的差异。如表4-15所示，从全国层面看，总投入下的社区公共服务综合效率平均值比项目投入下的社区公共服务综合效率平均值高0.24，纯技术效率平均值高0.16，规模技术效率平均值高0.11，

第四章 城市社区公共服务项目的供给效率及影响因素

表4-14 第三阶段省（区、市）间的城市社区公共服务效率总效率与项目效率的比较

省（区、市）	综合效率平均值（总投入）第三阶段	纯技术效率平均值（总投入）第三阶段	规模效率平均值（总投入）第三阶段	社区数量（总投入）（个）	综合效率平均值（项目第三阶段）	纯技术效率平均值（项目第三阶段）	规模效率平均值（项目第三阶段）	社区数量（项目）（个）
北京	0.85	0.98	0.87	24	0.53	0.96	0.56	20
天津	0.90	0.97	0.93	23	0.68	0.91	0.73	18
河北	0.91	0.95	0.97	23	0.74	0.87	0.84	9
辽宁	0.82	0.84	0.98	48	0.62	0.71	0.87	26
江苏	0.87	0.88	0.99	38	0.65	0.69	0.95	29
浙江	0.85	0.86	0.99	42	0.58	0.62	0.94	24
福建	0.87	0.88	0.99	27	0.59	0.64	0.93	23
山东	0.86	0.87	0.99	39	0.64	0.66	0.95	25
广东	0.82	0.85	0.97	60	0.56	0.64	0.86	44
海南	0.85	0.87	0.97	17	0.65	0.76	0.84	12
上海	0.82	0.83	0.99	31	0.55	0.59	0.93	22
山西	0.85	0.90	0.94	23	0.57	0.72	0.79	17
吉林	0.84	0.87	0.96	21	0.57	0.68	0.84	11
黑龙江	0.88	0.90	0.98	26	0.67	0.72	0.93	9
安徽	0.88	0.89	0.99	12	0.71	0.74	0.96	8

续表

省（区，市）	综合效率平均值（总投入第三阶段）	纯技术效率平均值（总投入第三阶段）	规模效率平均值（总投入第三阶段）	社区数量（总投入）（个）	综合效率平均值（项目第三阶段）	纯技术效率平均值（项目第三阶段）	规模效率平均值（项目第三阶段）	社区数量（项目）（个）
江西	0.87	0.88	0.99	14	0.74	0.76	0.98	9
河南	0.89	0.90	0.99	18	0.72	0.77	0.93	5
湖北	0.85	0.87	0.99	30	0.61	0.66	0.91	23
湖南	0.84	0.85	0.98	32	0.59	0.63	0.92	24
内蒙古	0.86	0.90	0.95	7	0.57	0.72	0.80	5
广西	0.84	0.88	0.96	17	0.66	0.74	0.89	9
重庆	0.85	0.89	0.96	31	0.59	0.70	0.84	22
四川	0.87	0.91	0.96	32	0.66	0.78	0.85	28
贵州	0.87	0.93	0.94	8	0.69	0.92	0.76	6
云南	0.88	0.95	0.93	12	0.73	0.92	0.80	8
陕西	0.85	0.97	0.88	28	0.63	0.84	0.75	16
甘肃	0.85	0.97	0.88	13	0.68	1	0.68	5
青海	0.85	0.93	0.92	8	0.64	0.88	0.72	5
宁夏	0.90	0.99	0.92	11	0.76	0.98	0.77	6

数据来源：西南财经大学中国家庭金融调查与研究中心"2015年城乡社区治理调查"数据。

第四章 城市社区公共服务项目的供给效率及影响因素

表4-15 区域之间城市社区公共服务供给总效率与项目效率（第三阶段）的比较

区域	综合效率平均值（总投入）第三阶段	纯技术效率平均值（总投入）第三阶段	规模效率平均值（总投入）第三阶段	社区数量（个）	综合效率平均值（项目第三阶段）	纯技术效率平均值（项目第三阶段）	规模效率平均值（项目第三阶段）	社区数量（项目）（个）
东部地区	0.85	0.88	0.97	372	0.60	0.71	0.87	252
中部地区	0.86	0.88	0.98	176	0.63	0.69	0.90	106
西部地区	0.86	0.92	0.94	167	0.65	0.81	0.81	110
全国	0.86	0.89	0.97	715	0.62	0.73	0.86	468

数据来源：西南财经大学中国家庭金融调查与研究中心"2015年城乡社区治理调查"数据。

127

说明城市社区的项目效率相对较低，具有较大的提升空间。具体到东部、中部、西部区域，东部地区项目投入下的城市社区公共服务综合效率平均值比总投入下的综合效率平均值低0.25，纯技术效率平均值低0.17，规模效率平均值低0.10；中部地区项目投入下的城市综合效率平均值比总投入下的综合效率平均值低0.23，纯技术效率平均值低0.19，规模效率平均值低0.08；西部地区项目投入下的城市综合效率平均值比总投入下的综合效率平均值低0.21，纯技术效率平均值低0.11，规模效率平均值低0.13。这充分说明城市社区公共服务项目供给效率低于城市社区公共服务总体供给效率。

对城市社区公共服务供给的总效率与城市社区公共服务供给的项目效率进行比较发现，无论社区之间、省（区、市）之间，还是区域之间，城市社区公共服务项目效率都比城市社区公共服务总效率低。这充分说明，目前在城市社区公共项目供给方式逐步成为最主要的供给方式的背景下，如何优化城市社区项目供给方式、提高供给效率成为提升城市社区公共服务总效率的关键。

在对城市社区公共服务总效率、项目效率的影响因素分析中也发现了差异性。具体来说，城市社区公共服务总效率的影响因素有社区经济发展水平、社区精英水平、社区城市化水平、社区干部激励政策这4个变量及其对应的4个指标：人均可支配收入、社区"两委"大专及以上学历人数、社区非农业人口数、社区书记事业编制。而城市社区公共服务项目效率的影响因素有社区经济发展水平、社区干部激励政策、社区精英水平、社区城市化水平、社区参与水平这5个变量及其对应的8个指标——人均可支配收入、社区非农业人口数、社区书记事业编制、社区召开居民大会的次数、社区居民参与社区选举的人数、社区"两委"大专及以上学历人数、社区党员大专及以上学历人数、社区党员人数。明显可以看出，社区经济发展水平、社区精英水平、社区城市化水平、社区干部激励政策对于社区公共服务总效率和项目效率均有影响,而社区参与水平这个变量仅仅对社区公共服务项目效率具有影响,对于社区公共服务总效率影响不明显。这充分说明,由于项目的规范性、目标性、时效性等优势,社区居民更容易且更愿意参与到社区公共服务项目中。具体到社区参与水平变量的影响上,社区召开居民大会的次数越多,社区公共服务项目效率越高,而社区居民参与社区选举的人数仅仅对社区公共服务项目人员服务效率具有正效应。在本研究的理论基础研究中,可以发现社区治理理论、社会资本理论、新公共服务理论实际上都从各自不同的视角强调了社区参与水平对于社区公共服务效率的影响,强调社区参与水平是在共享的社区价值观下进行集体选择的过程,包括社区公共服务需求的表达、生产的分配和监督。要提高社区公共服务效率,需要重视社区参与,且将社区参与作为一个系统的过程来研究。要培养社区居民的参与意识、保障社区居民的参与权利、拓宽社区居民的参与渠道,使社区居民能够真实有效地参与社区公共服务的供给、生产、分配过程。

第五章　农村社区公共服务供给效率及影响因素

一　农村社区公共服务供给效率

目前农村社区公共服务呈现出的供给不足以及不均问题非常突出，严重制约着社区福利的发展与改善。一些研究者聚焦于财政分权的角度，主张增加地方的财力投入以及中央的转移支付，扩大农村社区公共服务的投入规模，继而提升社区公共服务的水平。然而，在既定的财力水平下，农村社区特别是经济发展滞后的农村社区，短期难以实现投入的大幅度增加。因而，如何在现有资源投入下实现效率的提升，实现现有资源的优化配置成为非常关键的环节。在农村社区公共服务供给效率上，以往研究更多是聚焦于省、市或县级公共财政的投入产出效率，数据基本来自各类统计性资料。而对社区这一层级的分析，通常采用平均数据来替代，缺乏社区层面的具体数据资料。实际上，农村社区公共服务资金的来源较为多元，不局限于财政投入，每年的社区收入除了上级政府统一财政划拨的公共服务资金外，还有集体资产收益、各类行政事业性收费或罚款以及社会性的捐赠。特别是在一些集体资产收益较好的社区，集体资产收益有很大一部分用在社区公共服务的投入上。因而仅仅使用财政投入来替代社区公共服务的总投入会有一定的偏差。当然，社区收入也并不是全部用于社区公共服务，本研究采用社区每年在社区公共服务的投入数据，更贴近现实。

本研究所指涉的农村社区公共服务供给效率是指为使农村社区公共服务在最小的投入下实现最优的结果，农村社区所有公共服务投入，包括项目投入和非项目投入下的农村社区公共服务实际产出与最优产出之间的比值。项目投入包括社区专项公共经费、社区承接上级政府的公共服务项目经费、社区配套上级政府的公共服务项目经费；非项目投入包括社区公共事务经费、社区支持社区社会组织发展经费及社区购买社会组织服务经费。

（一）农村社区公共服务供给效率评价

本研究对农村社区公共服务供给效率的评价方法与对城市社区公共服务供给效率的评价方法一致，均是三阶段DEA模型。首先，通过传统投入导向的DEA模型对522个农村样本社区的社区公共服务供给总效率进行比较，分别从综合效率、纯技术效率、规模效率三个角度进行分析。其次，考察省（区、市）间与区域之间农村社区公共服务供给效率之间的差别。再次，借用SFA模型分别对投入变量的松弛变量（原始变量与目标值之差）进行分析，分离环境因素、随机因素、管理因素对于效率的影响，从而得到投入变量的调整值。最后，对于调整后的投入变量进行传统投入导向的DEA分析，得出522个农村样本社区的真实效率值，从社区、省际、区域三个维度比较农村社区公共服务供给效率的差异。

（二）农村社区公共服务供给效率评价变量选择

要运用三阶段DEA模型对农村社区公共服务供给效率进行科

学合理的评价，核心环节是确定投入变量与产出变量以及相应的指标。在指标的选择上，同样遵循科学有效性和可获取性的选择原则。对农村社区公共服务效率进行评价选用的变量及具体指标如表 5-1 所示。

表 5-1 农村社区公共服务供给效率评价指标体系

	一级指标	二级指标
投入变量	社区公共服务经费	社区公共事务经费
		社区专项公共经费
		社区承接上级政府的公共服务项目经费
		社区配套上级政府的公共服务项目经费
		社区支持社区社会组织发展经费
		社区购买社会组织服务经费
	社区工作人员	社区"两委"工作人员数
		社区雇用专职人员数
产出变量	社区文化公共服务	社区图书室数
		社区图书室藏书量
		社区图书月借阅量
		社区参与社区娱乐活动的人数
	社区社会组织服务	社区社会组织个数
	社区社会性服务	社区养老床位数
	社区法律公共服务	社区戒毒人员数
		社区矫正人员数
	社区计划生育公共服务	社区生育二孩申请服务人数
	社区社会保障公共服务	居民医疗保险参保人数
		居民养老保险参保人数
		最低生活保障领取人数

续表

	一级指标	二级指标
环境变量	社区经济发展水平	人均可支配收入
	社区干部激励政策	社区书记事业编制
	地理位置	社区离所在县城的距离
	社区参与水平	召开社区居民大会的次数
		社区居民参与社区选举的人数
	社区精英水平	社区党员人数
		社区党员大专及以上学历人数
		社区"两委"大专及以上学历人数
	社区人口结构	社区老年人口数
		社区户籍人口数
		社区人口密度
	社区城市化水平	社区非农业人口数

投入变量是指为了实现农村社区公共服务的供给或者是达到农村社区公共服务的产出需要投入的人力、财力、物力等资源。在农村社区公共服务供给实践中，投入较为多元且差异性大。从投入主体看，不仅有政府投入，还有集体投入、社会投入。有集体经济且收益较好的社区与无集体经济的社区在社区公共服务上的投入差距较大。从投入的种类来看，不仅包括社区公共事务经费、项目经费，还包括购买服务经费。本研究将农村社区公共服务投入所涉及的各种经费进行加总，得到两种投入变量，分别是：

投入变量1：社区公共服务经费，包含社区公共事务经费、社区专项公共经费、社区承接上级政府的公共服务项目经费、社区配套上级政府的公共服务项目经费、社区支持社区社会组织发展经费、社区购买社会组织服务经费。与城市社区一致。

投入变量2：农村社区公共服务人员总投入，主要是指社区工作人员，包括社区"两委"工作人员数与社区雇用专职人员数。与城市社区一致。

产出变量是指在既定的农村社区公共服务投入下产出的社区公共服务数量。本研究不探讨包括道路交通、农田水利等经济性的农村社区公共服务，主要研究非经济性的社区公共服务。根据已有文献，非经济性的社区公共服务包括社区就业公共服务、社区社会保障公共服务、社区卫生环境公共服务、社区计划生育公共服务、社区社会性公共服务、社区教育公共服务、社区文化公共服务、社区法律公共服务、社区社会组织服务。农村社区并未将社区就业公共服务作为社区公共服务的类别，因而农村社区公共服务的产出指标不包括社区就业公共服务。而社区医疗卫生服务基本是由独立运作的社区公共卫生服务站或社区卫生室来供给，其财政资金并不经过社区这一层级，同时社区基本没有或者很少会进行投入，因而不纳入产出范围。同时，由于调研数据所调查的社区医疗点不仅包括社区卫生服务站，还包括个人诊所，因而很难将社区公共卫生站数据从其中分离开来，而且数据显示75%的社区在社区卫生服务站个数上的数据都为1，平均值为1.34，标准差为1，社区之间的区别非常小，纳入产出变量的意义不大。社区教育公共服务中的包括老年大学、市民学校等文化机构数量，在调查的522个农村社区数据中，93%的数据都为0，且平均值为0.2，由于社区之间差异非常小，难以进行效率评价，因而被剔除出测量产出的指标。实际上，农村社区公共服务还包括社区环境卫生服务和社区安全稳定服务。但是受到数据本身的限制，衡量社区环境服务的社区卫生问题投诉指标为0的数据占到85%，平均值也为1.1，难以进行效率评价，因而也不纳入产出指标。而衡量突发性危机事件（自然灾害、事故灾害等）指标、群体性事件（集体上访、非法集会等）指标、社区自杀人数指标是测量近5年发生的数据，且数据为0的较多，难以单独区分出2014年的年度产出，因而都无法纳入模型中进行分析。

根据数据资料的可获得性和有效性的选择标准，本研究将产

第五章　农村社区公共服务供给效率及影响因素

出变量定义为：

产出变量1：社区文化公共服务，即社区为社区全体居民建立的图书室、科学普及、娱乐等服务。具体指标包括：

（1）社区图书室数：社区建立的图书室的数量。

（2）社区图书室藏书量：社区图书室的藏书册数。

（3）社区图书月借阅量：每月社区图书的借阅册数。

（4）社区参与娱乐活动的人数：社区参与社区各种娱乐活动的总人数。

产出变量2：社区社会组织服务，即为了鼓励和促进社区社会组织为全体社区居民提供更多类型和更高质量的服务，社区为社区社会组织提供的包括服务津贴、政策支持等方面的服务。虽然为社区社会组织提供的服务并不直接，但目的是更好地服务居民。特别是近年来政府大力鼓励城乡社区社会组织的发展，将发展社区社会组织作为考核社区的重要指标，目的是推动社区社会组织更好地服务于社区居民。因而社区社会组织服务被纳入社区公共服务。具体指标为：

（5）社区社会组织个数：社区社会组织是指民间成立的以公益为目的的组织团体，包括社区居民自己成立的社会组织和入驻本社区的外来社会组织个数。

产出变量3：社区社会性服务，即社区为社区居民提供的社区养老、心理健康、青少年发展、亲子关系等服务。目前，农村社区的社会性服务整体上发展较为滞后。由于社区养老服务的巨大需求以及政策的支持，社区普遍开始提供社区养老服务，而其他类型的服务提供得较少或者根本没有提供，因而并不具有研究意义。界定社区社会性服务的产出变量采用的具体指标为：

（6）社区养老床位数：社区的居家养老服务（托老所、日间照料）设施提供的床位数。

产出变量4：社区法律公共服务，即社区为全体居民提供的

包括社区法制宣传以及法律咨询的服务,及协助社区矫正人员和吸毒人员进行社区矫正和社区戒毒等服务。具体指标为:

(7)社区戒毒人员数:社区在公安机关、司法部门、卫生部门、民政部门的指导和协助下,为社区吸毒人员提供社区戒毒服务的人数。

(8)社区矫正人员数:社区为判处管制、缓刑、假释、社会上服刑和监外执行的5种犯罪提供服务的人数。

在具体进行分析时,将社区矫正人员数和社区戒毒人员数这2项指标合并为社区矫正人员和戒毒人员数。

产出变量5:社区计划生育公共服务,即社区为社区居民提供的计划生育宣传教育、优生指导、生育登记等服务。具体指标为:

(9)社区生育二孩申请服务人数:社区为社区居民办理二孩申请服务的件数。

产出变量6:社区社会保障公共服务,即为社区居民办理城乡居民医疗保险、农村基本医疗保险、城乡居民养老保险、农村基本养老保险以及为农村社区居民提供的最低生活保障等公共服务。具体指标:

(10)社区居民医疗保险参保人数:如果社区实现了统一的城乡居民医疗保险,则用城乡居民医疗保险参保人数;如果社区没有实现统一的城乡居民医疗保险,则用农村居民医疗保险参保人数替代。

(11)社区居民养老保险参保人数:如果社区实现了统一的城乡居民养老保险,则用城乡居民养老保险参保人数;如果社区没有实现统一的城乡居民养老保险,则用农村居民养老保险参保人数替代。

(12)最低生活保障领取人数:社区为符合领取最低生活保障的人提供申请、初审等服务的人数。

环境变量是指对农村社区公共服务效率产生影响但不受农村社区主观因素控制的变量。农村社区公共服务效率除了受到社区经济发展水平、社区干部激励政策、社区参与水平、社区精英水平、社区人口结构、社区城市化水平的影响外，也受地理位置这一外在环境变量的影响。通常，离城市中心近，农村社区公共服务的内容会增加，质量会提高。本研究选用"社区离所在县城的距离"作为测量指标，具体指社区距所属县（县级市）的中心的公里数。

（三）农村社区公共服务供给效率评价数据的处理

对于农村社区公共服务供给效率进行 DEA 分析时，同样需要对数据进行有效处理。处理方式与第三章城市社区公共服务数据的处理方式一致。农村社区决策单元数量高达 522 个，远远高于投入产出指标个数，不需要进行降维处理。同时，对于负向数据需要进行正向化处理，对缺失数据进行插补，使之符合三阶段 DEA 分析的数据要求。

二 农村社区公共服务投入产出变量分析

（一）农村社区的分布情况

根据西南财经大学中国家庭金融调查与研究中心"2015 年中国城乡社区治理调查"数据，总计将 28 个省（区、市）（不含上海、新疆、西藏）的 522 个农村社区作为样本进行分析，如表5-2所示。其中，东部地区有 191 个农村社区，中部地区有 175 个农村社区，西部地区有 156 个农村社区。下面将从社区、省际、区域三个层面对农村社区公共服务供给效率进行比较分析。

表 5-2　农村社区分布情况

单位：个

省（区、市）	社区数量	省（区、市）	社区数量	省（区、市）	社区数量
北京	4	山西	32	内蒙古	9
天津	3	吉林	23	广西	10
河北	20	黑龙江	14	重庆	20
辽宁	16	安徽	24	四川	27
江苏	18	江西	16	贵州	17
浙江	32	河南	19	云南	23
福建	31	湖北	22	陕西	16
山东	23	湖南	25	甘肃	16
广东	32			青海	11
海南	12			宁夏	7
东部地区	191	中部地区	175	西部地区	156

数据来源：西南财经大学中国家庭金融调查与研究中心"2015年城乡社区治理调查"数据。

（二）农村社区公共服务投入变量的描述性分析

从农村社区公共服务投入（见表5-3）来看，在统计的522个农村样本社区中，社区公共服务经费平均值为113.60万元，标准差为399.33万元，最小值为0.015万元，最大值为6044.00万元，充分说明各社区之间在社区公共服务经费上的差距非常大。其中，社区公共事务经费最大值为565.00万元，最小值为0元，平均值为12.76万元；社区公共服务专项经费最大值为6000万元，最小值为0元，平均值为21.68万元；社区承接上级政府的公共服务项目经费最大值为3000万元，最小值为0元，平均值为66.74万元；社区配套上级政府的公共服务项目经费最大值为900万元，最小值为0元，平均值为11.79万元；社区支持社区社会组织发展经费最大值只有8万元，平均值仅为0.12万元；社区购买社会组织服务经费最大值为100万元，平均值仅为0.51万元。

可见，在构成社区公共服务经费的总投入中，社区用于发展社会组织与购买服务的经费比例较小，甚至许多社区并没有这两项经费的投入，而社区公共服务的项目经费比重非常大，社区公共服务专项经费、社区承接上级政府的公共服务项目经费、社区配套上级政府的公共服务项目经费的总和，占社区公共服务经费投入的比例基本达到了88%，充分说明农村社区公共服务基本以项目的方式来供给。

从农村社区公共服务人员投入来看，社区工作人员（包括社区"两委"工作人员以及社区雇用专职人员）平均值为11.76人，标准差为9.85人，最小值为1人，最大值为89人，最大值是最小值的89倍，充分说明不同社区在社区工作人员上的投入差距也非常大。具体从人员类型来看，社区"两委"工作人员最小值为1人，最大值为59人，平均值为7.64人；社区雇用专职人员最大值为55人，平均值为4.12人。

表5-3 农村社区公共服务投入变量的描述统计

变量名	最小值	最大值	平均值	标准差	样本量（个）
社区公共服务经费（万元）	0.015	6044.00	113.60	399.33	522
社区公共事务经费	0	565.00	12.76	38.66	522
社区公共服务专项经费	0	6000	21.68	278.44	522
社区承接上级政府的公共服务项目经费	0	3000	66.74	241.63	522
社区配套上级政府的公共服务项目经费	0	900	11.79	67.40	522
社区支持社区社会组织发展经费	0	8	0.12	0.57	522
社区购买社会组织服务经费	0	100	0.51	5.15	522
社区工作人员（人）	1	89	11.76	9.85	522
社区"两委"工作人员	1	59	7.64	6.82	522
社区雇用专职人员	0	55	4.12	6.59	522

数据来源：西南财经大学中国家庭金融调查与研究中心"2015年城乡社区治理调查"数据。

从省（区、市）间农村社区公共服务投入的差别（见表5-4）来看，农村社区公共服务经费排在前三位的分别是甘肃（686.65万元）、贵州（404.85万元）和重庆（369.70万元），排在后三位的分别是河南（34.87万元）、山东（21.36万元）和黑龙江（14.30万元）。省（区、市）间投入最大值与投入最小值相差高达47倍。再具体到各项投入指标，社区公共事务经费排在前三位的分别是浙江（41.32万元）、北京（36.63万元）、江苏（31.83万元），排在后三位的分别是海南（3.36万元）、宁夏（3.30万元）、安徽（2.24万元），最大值与最小值相差高达17倍；社区专项公共经费排在前三位的分别是甘肃（619.72万元）、贵州（360.02万元）、重庆（344.14万元），排在后三位的分别是山西（9.33万元）、山东（8.72万元）、黑龙江（4.80万元），最大值与最小值相差128倍；社区支持社区社会组织发展经费排在前三位的分别是重庆（0.4万元）、浙江（0.38万元）、江苏（0.35万元），完全没有投入的省（区、市）有7个，分别是天津、山东、吉林、河南、湖北、内蒙古、宁夏，占到28个省（区、市）的25%；社区购买社会组织服务经费排在前三位的是宁夏（7.14万元）、山西（3.19万元）、江苏（1.13万元），完全没有投入的省（区、市）多达7个，分别是河北、山东、海南、吉林、黑龙江、重庆、青海，占到统计省（区、市）的25%。可见，省（区、市）间的差别非常大。

农村社区工作人员人数排在前三位的分别是重庆（19.70人）、青海（19.09人）、四川（17.82人），排在后三位的分别是北京（6.25人）、江西（6.13人）、天津（5.67人），最大值是最小值的3.5倍。其中，社区"两委"工作人员数排在前三位的分别是湖南（13.08人）、青海（13.00人）、浙江（12.31人），排在后三位的分别是北京（4.75人）、天津（4.67人）、湖北（4.50人），最大值是最小值的近3倍；社区雇用专职人员数排在

第五章 农村社区公共服务供给效率及影响因素

表5-4 省（区、市）间农村社区公共服务投入变量的比较

省（区、市）	社区公共服务经费（万元）	社区公共事务经费	社区专项公共经费	社区支持社区社会组织发展经费	社区购买社会组织服务经费	社区工作人员（人）	社区"两委"工作人员数	社区雇用专职人员数
北京	96.08	36.63	56.65	0.03	0.12	6.25	4.75	1.50
天津	175.65	7.67	151.00	0	0.15	5.67	4.67	1.00
河北	35.81	14.07	18.82	0.01	0	10.25	7.00	3.25
辽宁	47.70	6.23	23.10	0.10	0.07	7.88	5.25	2.63
江苏	111.96	31.83	62.45	0.35	1.13	13.17	8.39	4.78
浙江	132.05	41.32	84.87	0.38	0.66	14.81	12.31	2.50
福建	118.69	30.73	82.52	0.04	0.06	11.23	6.03	5.20
山东	21.36	9.06	8.72	0	0	7.78	5.30	2.48
广东	357.48	8.48	25.06	0.15	0.08	9.22	6.00	3.22
海南	61.59	3.36	47.71	0.02	0	15.75	10.50	5.25
山西	34.95	5.26	9.33	0.09	3.19	10.03	6.56	3.47
吉林	39.88	4.34	25.42	0	0	13.22	6.96	6.26
黑龙江	14.30	7.11	4.80	0.03	0	9.14	5.71	3.43
安徽	35.56	2.24	30.63	0.05	0.96	8.83	6.13	2.70

141

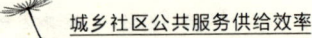

续表

省（区、市）	社区公共服务经费（万元）	社区公共事务经费	社区专项公共经费	社区支持社区社会组织发展经费	社区购买社会组织服务经费	社区工作人员（人）	社区"两委"工作人员数	社区雇用专职人员数
江西	120.66	14.33	102.70	0.03	0.13	6.13	5.56	0.57
河南	34.87	4.20	30.54	0	0.02	7.47	5.74	1.73
湖北	77.22	8.20	62.52	0	0.38	9.64	4.50	5.14
湖南	49.14	6.86	35.22	0.01	0.40	15.80	13.08	2.72
内蒙古	49.42	30.36	18.95	0	0.11	11.67	6.00	5.67
广西	29.58	5.54	16.86	0.04	0.09	13.40	11.50	1.90
重庆	369.70	12.05	344.14	0.40	0	19.70	8.10	11.60
四川	85.40	15.16	66.32	0.07	0.04	17.82	10.12	7.70
贵州	404.85	5.32	360.02	0.17	0.24	15.53	10.53	5.00
云南	314.08	18.93	241.15	0.11	0.15	14.70	8.74	5.96
陕西	59.10	10.70	31.11	0.06	0.01	12.00	8.25	3.75
甘肃	686.65	4.02	619.72	0.09	0.94	16.50	10.13	6.37
青海	47.77	5.21	42.55	0.01	0	19.09	13.00	6.09
宁夏	96.81	3.30	59.32	0	7.14	8.57	5.71	2.86

数据来源：西南财经大学中国家庭金融调查与研究中心"2015年城乡社区治理调查"数据。

前三位的分别是重庆（11.60 人）、四川（7.70 人）、甘肃（6.37 人），排在后三位的分别是北京（1.5 人）、天津（1 人）、江西（0.57 人），最大值是最小值的 20 倍。

如果从农村社区公共服务投入的地域差别来看，如表 5-5 所示，东部地区各省农村社区公共服务经费平均值为 76.81 万元，低于全国社区公共服务经费的平均值（113.60 万元）。其中，社区公共事务经费为 20.51 万元，高于全国平均值（12.76 万元），达到全国平均值的 161%；社区专项公共经费为 55.86 万元，低于全国平均值（100.21 万元），只达到全国平均值的 56%；社区支持社区社会组织发展经费为 0.19 万元，高于全国平均值（0.12 万元）；社区购买社会组织服务经费为 0.25 万元，远远低于全国平均值（0.51 万元），只达到全国平均值的 49%。东部地区的社区工作人员投入平均值为 10.97 人，低于全国平均值（11.76 人）。其中，社区"两委"工作人员数为 7.48 人，低于全国平均值（7.64 人），社区雇用专职人员数为 3.49 人，低于全国平均值（4.12 人）。

中部地区各省社区公共服务经费平均值为 49.20 万元，低于全国平均值（113.60 万元），只达到全国平均值的 43%。其中，社区公共事务经费为 6.18 万元，低于全国平均值（12.76 万元），达到全国平均值的 48%；社区专项公共经费为 42.14 万元，低于全国平均值（100.21 万元），只达到全国平均值的 42%；社区支持社区社会组织发展经费为 0.04 万元，低于全国平均值（0.12 万元），只达到全国均值的 33%；社区购买社会组织服务经费为 0.83 万元，高于全国平均值（0.51 万元），达到全国平均值的 163%。中部地区的社区工作人员投入平均值为 10.35 人，低于全国平均值（11.76 人）。其中，社区"两委"工作人员数为 6.98 人，低于全国平均值（7.64 人）；社区雇用专职人员数为 3.38 人，低于全国平均值（4.12 人）。

西部地区各省社区公共服务经费平均值230.89万元，高于全国平均值（113.60万元），达到全国平均值的203%。其中，社区公共事务经费为10.63万元，低于全国平均值（12.76万元），达到全国平均值的83%；社区专项公共经费为219.67万元，高于全国平均值（100.21万元），达到全国平均值的219%；社区支持社区社会组织发展经费为0.11万元，低于全国平均值（0.12万元），达到全国平均值的92%；社区购买社会组织服务经费为0.48万元，低于全国平均值（0.51万元），达到全国平均值的94%。西部地区的社区工作人员投入平均值为14.31人，高于全国平均值（11.76人）。其中，社区"两委"工作人员数为8.58人，高于全国平均值（7.64人）；社区雇用专职人员数为5.73人，高于全国平均值（4.12人）。

表5-5 农村社区公共服务投入变量的地域比较

区域	社区公共服务经费（万元）	社区公共事务经费	社区专项公共经费	社区支持社区社会组织发展经费	社区购买社会组织服务经费	社区工作人员（人）	社区"两委"工作人员数	社区雇用专职人员数
东部地区	76.81	20.51	55.86	0.19	0.25	10.97	7.48	3.49
中部地区	49.20	6.18	42.14	0.04	0.83	10.35	6.98	3.38
西部地区	230.89	10.63	219.67	0.11	0.48	14.31	8.58	5.73
全国	113.60	12.76	100.21	0.12	0.51	11.76	7.64	4.12

数据来源：西南财经大学中国家庭金融调查与研究中心"2015年城乡社区治理调查"数据。

可见，从农村社区公共服务经费投入来看，西部地区最高，其次为东部地区，中部地区最低。而具体到各项投入指标，传统的社区公共事务经费，东部最高，其次为西部，中部最低；社区专项公共经费，西部最高，其次是东部，中部最低；社区支持社区社会组织发展经费，东部最高，其次是西部，中部最低；社区购买社会组织服务经费,中部最高,其次为西部,东部最低。

非项目经费包括社区公共事务经费、社区支持社区社会组织发展经费、社区购买社会组织服务经费,但由于后两项经费非常少,只占总投入的0.56%,因而暂且搁置不讨论。数据显示,东部地区在2014年,非项目投入明显高于中部、西部地区,这与东部地区一直以来在社区公共服务上的投入密切相关。而西部地区近年来在推动基层社区治理,提高社区公共服务供给上加大了力度,因而高于中部地区。

(三) 农村社区公共服务产出变量的描述性分析

如表5-6所示,从产出变量来看,在统计的522个样本社区中,农村社区并非都建立了社区图书室,平均值只有0.90个;社区在藏书量上差异也非常大,社区藏书量的平均数为2128.02册,而一些社区能达到3万册;月借阅量的平均值仅仅为45.6本,部分社区基本没有任何借阅量,而最高的社区能达到1100册的月借阅量;社区参与社区娱乐(如跳广场舞)的平均人数为35.57人,一些社区并没有提供举行社区娱乐活动的场地和设施,参与人数为0人;社区社会组织个数非常少,均值仅为0.55个,一些社区根本没有社区社会组织,社区社会组织发展最好的社区拥有13个社区社会组织;社区养老床位数的均值仅为2.64张,一些社区没有提供社区养老服务,而养老服务最为完善的社区提供多达150张床位;社区矫正人员和戒毒人员数平均值为1.86人,最大值为60人,标准差为5.43人;社区申请二孩人数平均值为9.09人,最大值为1755人,标准差为77.05人;居民医疗保险参保人数平均值为1950.14人,最大值为18000人;居民养老保险参保人数平均值为1609.12人,最大值为20000人;社区最低生活保障领取人数平均值为94.58人,最大值为3800人。

表 5-6 农村社区公共服务产出变量的描述统计

变量名	最小值	最大值	平均值	标准差	样本量（个）
社区图书室数（个）	0	3.00	0.90	0.47	522
社区图书室藏书量（册）	0	30000.00	2128.02	3337.75	522
社区图书月借阅量（册）	0	1100.00	45.60	111.85	522
社区参与社区娱乐的人数（人）	0	450.00	35.57	55.32	522
社区社会组织个数（个）	0	13.00	0.55	1.49	522
社区养老床位数（张）	0	150.00	2.64	12.38	522
社区矫正人员和戒毒人员数（人）	0	60.00	1.86	5.43	522
社区生育二孩申请服务人数（人）	0	1755.00	9.09	77.05	522
居民医疗保险参保人数（人）	0	18000.00	1950.14	1621.05	522
居民养老保险参保人数（人）	0	20000.00	1609.12	1541.10	522
最低生活保障领取人数（人）	0	3800.00	94.58	200.02	522

数据来源：西南财经大学中国家庭金融调查与研究中心"2015年城乡社区治理调查"数据。

三 农村社区公共服务供给效率实证结果及影响因素分析

（一）第一阶段：传统 DEA 分析结果

运用 DEAP 2.1 软件对 2014 年全国 522 个农村社区，涉及 28 个省（区、市）（不含上海、新疆、西藏）的农村社区公共服务供给效率进行了测算，采用投入导向 BBC 模型进行分析，得到 522 个农村社区的综合效率、纯技术效率、规模效率，28 个省（区、市）的社区平均综合效率、社区平均纯技术效率和社区平均规模效率及东部、中部、西部的社区平均综合效率、社区平均纯技术效率和社区平均规模效率。

在统计的 522 个农村社区中，综合效率的均值为 0.40，纯技术效率为0.47，说明全国农村社区公共服务效率整体上是非常低的。而规模效率均值为0.83，说明农村社区公共服务的规模效率相对综合效率、纯技术效率优势明显，但是同样没有达到规模效率最优，需要通过扩大规模来提高效率。具体从522个农村社区公共服务的效率上看，综合效率最高的社区可达到1，效率最低的社区只有0；纯技术效率最高的社区可达到1，最低的社区只有0.06；规模效率最高的社区能达到1，最低的社区只有0.02。这说明522个农村社区之间的社区公共服务效率差异非常大。

那么，在这522个农村样本社区中，能够达到效率前沿面的社区，即综合效率、纯技术效率、规模效率都能达到1的社区覆盖17个省（区、市）37个农村社区，占到统计样本的7.1%。分别有河北的2个社区、山西的1个社区、黑龙江的2个社区、安徽的4个社区、福建的2个社区、江西的2个社区、山东的1个社区、河南的2个社区、湖北的3个社区、湖南的3个社区、广东省的7个社区、广西的2个社区、重庆的1个社区、四川的1个社区、云南的2个社区、甘肃的1个社区、青海的1个社区。而北京、天津、辽宁、陕西、内蒙古、宁夏、海南、贵州、江苏、吉林这11个省（区、市）没有1个社区能够达到最优效率。

其次，从省（区、市）间农村社区公共服务平均效率（表5-7）来看，平均综合效率排在前三位的分别是安徽（0.59）、广东（0.57）、江西（0.53），后三位分别是海南（0.30）、重庆（0.27）、江苏（0.27）、浙江（0.26）；平均纯技术效率排在前三位的分别是安徽（0.64）、广东（0.63）、贵州（0.62），后三位分别是浙江（0.34）、重庆（0.33）、江苏（0.30）；平均规模效率排在前三位的分别是内蒙古（0.92）、安徽（0.91）、湖北（0.90），后三位分别是广西（0.53）、贵州（0.47）、陕西（0.43）。

从各省（区、市）内部社区之间的公共服务效率来看，差异也非常明显。各省（区、市）内部社区之间综合效率最大值与最小值差排前三位的分别是福建（1）、江西（0.98）、湖南（0.98）、青海（0.98）、云南（0.96），排后三位的分别是北京（0.39）、内蒙古（0.32）、天津（0.11），说明福建、江西、湖南、青海、云南这些省内部社区之间在社区公共服务效率上的差异非常大，而北京、内蒙古、天津这些省（区、市）内部社区在公共服务效率上的差异相对较小。各省（区、市）内部社区纯技术效率最大值与最小值差排前三位的分别是四川（0.94）、甘肃（0.94）、青海（0.93）、湖南（0.93）、重庆（0.93）、吉林（0.93）、广西（0.92），说明这些省（区、市）内的社区在纯技术效率上的差异非常大，排在后三位的分别是北京（0.51）、江苏（0.38）、天津（0.06），说明这些省（市）内部社区之间的纯技术效率虽然相对于其他省（区、市）差异较小，但实际上除天津外，其他省（市）内部社区之间的差异都非常明显。各省（区、市）内部社区之间规模效率最大值和最小值差排前三位的分别是福建（0.98）、湖南（0.94）、江西（0.89），说明这些省内部社区之间的差异非常大；后三位分别是内蒙古（0.17）、北京（0.14）、天津（0.09），说明这些区（市）内部社区之间的社区公共服务效率差异并不大。

最后从区域性差别来看，如表5-8所示，在社区平均综合效率方面，东部地区为0.38，低于中部地区（0.45），高于西部地区（0.36），这与东部地区在社区公共服务经费以及社区工作人员的投入方面相一致。在社区纯技术效率方面，东部地区为0.46，低于中部地区（0.52），高于西部地区（0.42）。在社区平均规模效率方面，东部地区为0.80，低于中部地区（0.85）和西部地区（0.85）。

第五章 农村社区公共服务供给效率及影响因素

表5-7 第一阶段省（区、市）间农村社区公共服务综合效率、纯技术效率、规模效率的比较

省（区、市）	平均综合效率	综合效率最大值	综合效率最小值	平均纯技术效率	纯技术效率最大值	纯技术效率最小值	平均规模效率	规模效率最大值	规模效率最小值	社区数量（个）
北京	0.45	0.55	0.16	0.53	0.71	0.20	0.84	0.93	0.79	4
天津	0.46	0.51	0.40	0.54	0.57	0.51	0.85	0.89	0.80	3
河北	0.43	1	0.14	0.48	1	0.11	0.86	1	0.49	20
辽宁	0.40	0.78	0.10	0.47	0.79	0.24	0.84	0.99	0.31	16
江苏	0.27	0.46	0.09	0.30	0.50	0.12	0.87	0.99	0.46	18
浙江	0.26	0.73	0.01	0.34	1	0.10	0.72	1	0.24	32
福建	0.35	1	0	0.43	1	0.17	0.79	1	0.02	31
山东	0.34	1	0.04	0.47	1	0.14	0.64	1	0.19	23
广东	0.57	1	0.20	0.63	1	0.14	0.88	1	0.36	32
海南	0.30	0.67	0.12	0.44	1	0.13	0.75	1	0.16	12
山西	0.38	1	0.06	0.47	1	0.19	0.81	1	0.31	32
吉林	0.33	0.94	0.06	0.40	1	0.07	0.85	1	0.39	23
黑龙江	0.48	1	0.11	0.50	1	0.20	0.88	1	0.37	14
安徽	0.59	1	0.14	0.64	1	0.17	0.91	1	0.74	24
江西	0.53	1	0.02	0.59	1	0.20	0.83	1	0.11	16

149

续表

省（区、市）	平均综合效率	综合效率最大值	综合效率最小值	平均纯技术效率	纯技术效率最大值	纯技术效率最小值	平均规模效率	规模效率最大值	规模效率最小值	社区数量（个）
河南	0.48	1	0.10	0.55	1	0.20	0.83	1	0.12	19
湖北	0.49	1	0.13	0.54	1	0.15	0.90	1	0.75	22
湖南	0.42	1	0.02	0.47	1	0.07	0.79	1	0.06	25
内蒙古	0.37	0.46	0.14	0.40	0.88	0.14	0.92	1	0.83	9
广西	0.51	1	0.08	0.53	1	0.08	0.53	1	0.76	10
重庆	0.27	1	0.11	0.33	1	0.07	0.88	1	0.77	20
四川	0.40	1	0.09	0.45	1	0.06	0.85	1	0.25	27
贵州	0.35	0.66	0.15	0.62	1	0.15	0.47	1	0.29	17
云南	0.32	1	0.04	0.36	1	0.09	0.81	1	0.23	23
陕西	0.38	0.76	0.07	0.43	0.94	0.10	0.43	1	0.35	16
甘肃	0.38	1	0.07	0.42	1	0.06	0.89	1	0.64	16
青海	0.35	1	0.02	0.40	1	0.07	0.76	1	0.18	11
宁夏	0.42	0.55	0.09	0.51	1	0.20	0.81	1	0.44	7

数据来源：西南财经大学中国家庭金融调查与研究中心"2015年城乡社区治理调查"数据。

第五章 农村社区公共服务供给效率及影响因素

表5-8 第一阶段DEA模型的东、中、西部农村社区公共服务供给效率比较

区域	平均综合效率	综合效率最大值	综合效率最小值	平均纯技术效率	纯技术效率最大值	纯技术效率最小值	平均规模效率	规模效率最大值	规模效率最小值	社区数量（个）
东部地区	0.38	1	0	0.46	1	0.06	0.80	1	0.02	191
中部地区	0.45	1	0.01	0.52	1	0.07	0.85	1	0.06	175
西部地区	0.36	1	0.02	0.42	1	0.06	0.85	1	0.11	156
全国	0.40	1	0	0.47	1	0.06	0.83	1	0.02	522

数据来源：西南财经大学中国家庭金融调查与研究中心"2015年城乡社区治理调查"数据。

(二) 第二阶段 SFA 分析: 农村社区公共服务总效率的影响因素

应用 Frontier 4.1 软件, 在第一阶段的 DEA 模型上进一步进行分析, 分离出外部环境因素、管理因素以及随机误差的影响。方法与上一章一致, 根据 SFA 分析结果来调整各社区的原始投入值, 分离出随机误差以及环境因素的影响, 从而更清晰地反映各社区的公共服务管理效率。以第一阶段 DEA 模型的松弛变量（投入差额值）作为因变量, 将社区经济发展水平、社区干部激励政策、地理位置、社区参与水平、社区精英水平、社区人口结构、社区城市化水平这 7 个环境变量作为自变量, 利用最大似然估计进行分析。由于每一个投入对应一个独立的回归方程, 因而需要分别计算环境变量对于农村社区公共服务经费总投入、农村社区公共服务工作人员投入的影响。

如表 5-9 所示, γ 值为 0.98, 基本趋近于 1, 且在 1% 的水平上非常显著, 充分说明管理无效率项的变动能够解释模型中的变动, 采用 SFA 模型进行分析十分合理。再从这 7 个环境变量对于农村社区公共服务经费总投入松弛变量的影响来看, 都在 1% 的水平上都非常显著。从系数来看, 系数为正值, 意味着增加环境变量会增加松弛变量, 说明会造成投入变量的浪费, 不利于提高农村社区公共服务的效率。反之, 系数为负, 意味着增加环境变量会减少松弛变量, 说明会减少投入变量的浪费, 有利于提高农村社区公共服务的效率。

表 5-9 农村社区公共服务经费总投入松弛变量的 SFA 回归模型结果

自变量	相关系数	标准差	T 值
常数项	-3611263.40	1.00	-3595127.90
人均可支配收入	8418.68	1.00	8418.68

续表

自变量	相关系数	标准差	T值
社区书记事业编制	589859.02	1.00	589741.86
社区离所在县城的距离	75572.49	1.00	75572.44
召开社区居民大会的次数	-17853.61	1.00	-17853.61
社区居民参与社区选举的人数	187787.77	1.00	187786.57
社区党员人数	277119.97	1.00	277020.57
社区党员大专及以上学历人数	165617.82	1.00	165617.70
社区"两委"大专及以上学历人数	-174201.40	1.00	-174291.31
社区老年人口数	-310327.26	1.00	-310327.19
社区非农业人口数	-205909.00	1.00	-205909.08
σ^2	33907355000000.00	1.00	33907355000000.00
γ	0.98	0.02	52.10
LR单边误差检验	277.27		

同样，如表5-10所示，利用SFA模型对农村社区公共服务工作人员投入的松弛变量进行分析，γ值为1，且在1%的水平上非常显著，充分说明采用SFA模型分析是合理的。再从这7个环境变量对农村社区公共服务工作人员投入松弛变量的影响来看，都在1%的水平上非常显著。

表5-10 农村社区公共服务工作人员投入松弛变量的SFA回归模型结果

自变量	相关系数	标准差	T值
常数项	-0.13	0.02	-6.32
人均可支配收入	0.04	0.00	12.73
社区书记事业编制	-0.08	0.04	-2.11
社区离所在县城的距离	-0.07	0.02	-3.62
召开社区居民大会的次数	0.57	0.00	149.58
社区居民参与社区选举的人数	0.04	0.00	24.95
社区党员人数	0.13	0.02	5.26
社区党员大专及以上学历人数	-0.18	0.01	-16.78

续表

自变量	相关系数	标准差	T值
社区"两委"大专及以上学历人数	-0.03	0.02	-1.73
社区老年人口数	0.32	0.02	18.59
社区非农业人口数	-0.52	0.02	-26.61
σ^2	202.11	5.70	35.46
γ	1.00	0.00	104205380.00
LR单边误差检验	416.45		

可见,社区经济发展水平、社区干部激励政策、地理位置、社区参与水平、社区精英水平、社区人口结构、社区城市化水平这7个变量及对应的10个指标对农村社区公共服务效率具有影响。具体如下。

社区经济发展水平:人均可支配收入对农村社区公共服务经费投入、农村社区工作人员投入松弛变量的回归系数均为正数,充分说明人均可支配收入对农村社区公共服务经费投入、农村社区工作人员投入具有负效应。这可能与人均可支配收入越高,农村社区居民对于服务的内容和质量要求越高有关。由于目前我国农村社区公共服务整体上内容和质量并不高,人均可支配收入越高的社区,社区居民可能更愿意为市场化的服务付费,而不是使用农村社区公共服务,反倒造成了人均可支配收入越高,农村社区公共服务效率越低的局面。若人均收入可支配收入高,而农村社区工作人员的工资较低,则会影响社区工作人员的努力程度。

社区干部激励政策:社区书记事业编制对农村社区公共服务经费投入松弛变量的回归系数为正数,而对农村社区工作人员投入松弛变量的回归系数为负数,说明社区书记事业编制对于社区工作人员来说能起到有效的激励作用,促使他们努力提高效率。但是社区书记事业编制属于"铁饭碗",削弱了社区书记努力的动力,不利于农村社区公共服务效率的提升。也就是说,对社区书记实行事业编制，能有效激励其他社区工作人员更加努力，争取能够得到晋升。

地理位置：农村社区离所在县城的距离对农村社区公共服务经费投入松弛变量的回归系数为正数，说明离城镇距离越远，社区公共服务经费的使用效率越低；对农村社区工作人员投入松弛变量的回归系数为负数，说明离城镇越远，社区工作人员的效率越高。

社区参与水平：召开社区居民大会的次数对于农村社区公共服务经费投入松弛变量的回归系数为负数，说明社区居民对社区公共服务的参与有利于提高农村社区公共服务经费投入效率。通过召开社区居民大会，农村社区居民对于社区公共服务经费的收支情况更为了解，有利于提高经费的使用效率。而召开社区居民大会的次数对农村社区工作人员投入松弛变量的回归系数为正数，说明召开居民大会的次数越多，越不利于提高社区公共服务效率，这有可能是因为在有限的社区工作人员投入下，社区工作人员将精力更多地放在社区自治服务中，而忽略了社区公共服务的供给。社区居民参与社区选举的人数对农村社区公共服务经费投入松弛变量、对社区工作人员投入松弛变量的回归系数均为正数，说明社区居民参与社区选举对于农村社区公共服务经费与人员投入都具有负效应。这与之前的假设完全不一致，原因可能是社区居民对社区公共服务的情况并不是非常了解，也缺乏掌握信息的渠道，说明提升社区居民参与选举的质量比仅仅增加选举参与人数更为重要。

社区精英水平：社区党员人数对农村社区公共服务经费投入松弛变量、对农村社区工作人员投入松弛变量的回归系数均为正数，说明社区党员人数对社区公共服务效率具有负效应。这与之前的假设不一致，原因可能是格林尔曼效应，即人数越多，出力的人数反而越少。这说明在社区公共服务中应更进一步明晰每位党员的责任，使其能够更有效地发挥作用，促进农村社区公共服务效率的提高。社区党员大专及以上学历人数对农村社区公共服务经费投入松弛变量的回归系数为正数，说明高学历的党员不利于社区公共服务效率的提高，可能是因为高学历水平的党员比低学历水平的党员对农村社区公共服务关心度降低。而社区党员大专及以上学历人数对农村社区工作人员投入松弛变量的回归系数为负数，说明党员中高学历水平的人数越多，越是能够对社区工作人员的服务进行有效监督，促进人员投入效率的提升。社区"两委"大专及以上学历人数对农村社区公共服务经费投入松弛变量、对农村社区工作人员投入松弛变量的回归系数均为负数，说明社区"两委"工作人员的学历水平越高，越是有利于农村社区公共服务效率的提升。

社区人口结构：社区老年人口数对农村社区公共服务经费投入松弛变量的回归系数为负数，而对农村社区工作人员投入松弛变量的回归系数为正数，说明社区老年人口越多，对于养老类农村社区公共服务经费的使用越是关注，能够提高资金的使用效率，但通常并不在意或是忽略了对社区工作人员的要求，并不利于社区工作人员效率的提高。

社区城市化水平：农村社区非农业人口数对农村社区公共服务经费投入松弛变量、对农村社区工作人员投入松弛变量的回归系数均为负数，说明城镇化水平越高，农村社区公共服务的效率也就越高。

可见，社区经济发展水平、社区干部激励政策、地理位置、社区参与水平、社区精英水平、社区人口结构、社区城市化水平这些外在环境变量对农村社区公共服务效率都有着重要的影响，因而第一阶段 DEA 分析的效率结果是有偏差的。需要将这些外在环境因素、随机误差、管理因素进行分离，根据前面的分离公式，分别对社区公共服务经费、社区工作人员这两项投入变量进行调整，得到调整后的数据。

（三）农村社区公共服务供给效率第三阶段 DEA 模型的结果

在第三阶段，运用在第二阶段调整后的投入数据来替代第一阶段的投入数据，再次运用 DEA 分析中的投入导向模型 BBC 进行分析，使各社区处于相同的环境与机遇之下，所得效率是剔除了外在环境因素和随机误差后的效率。

首先，从 522 个农村样本社区来看，能够达到效率前沿面的社区即综合效率、纯技术效率、规模效率都能达到 1 的社区覆盖 11 个省（区）20 个社区，占统计样本的 3.83%。分别有黑龙江的 1 个社区、浙江的 2 个社区、安徽的 1 个社区、福建的 1 个社区、山东的 1 个社区、湖南的 3 个社区、广东的 5 个社区、重庆的 1 个社区、云南的 3 个社区、甘肃的 1 个社区、宁夏的 1 个社区。而北京、天津、辽宁、山西、内蒙古、青海、海南、江苏、吉林、河南、广西、河北、江西、湖北、四川、贵州、陕西这 17 个省（区、市）没有 1 个社区能够达到最优效率。

其次，从省（区、市）内部社区之间的公共服务的综合效率、纯技术效率、规模效率来看，差异也非常明显，如表 5-11 所示。各省（区、市）内部社区综合效率最大值与最小值之差排前三位的分别是福建（0.99）、湖南（0.99）、山东（0.97）、浙江（0.97）、海南（0.95），说明这些省内部社区之间的综合效率相差非常大；排后三位的分别是北京（0.28）、内蒙古（0.27）、天津（0.06），说明这些区（市）内部社区之间的综合效率差异相对较小。各省（区、市）内部社区之间纯技术效率最大值与最小值之差排前三位的分别是重庆（0.74）、浙江（0.72）、甘肃（0.66），说明这些省（市）内部社区之间的纯技术效率相差非常大；排后三位的分别是宁夏（0.28）、河南（0.26）、天津（0.02），说明这些省（区、市）内部社区之间的纯技术效率差异相对较小。各省

（区、市）内部社区之间规模效率最大值与最小值之差排前三位的分别是福建（0.99）、海南（0.98）、湖南（0.97）、山东（0.97），说明这些省内部社区之间的规模效率相差非常大；排后三位的分别是广西（0.41）、北京（0.20）、内蒙古（0.20）、天津（0.06），说明这些区（市）内部社区之间的规模效率差异相对较小。

表5-11　第三阶段省（区、市）间农村社区公共服务综合效率、纯技术效率、规模效率的比较

省（区、市）	平均综合效率	综合效率最大值与最小值之差	平均纯技术效率	纯技术效率最大值与最小值之差	平均规模效率	规模效率最大值与最小值之差	社区数量（个）
北京	0.43	0.28	0.85	0.33	0.50	0.20	4
天津	0.45	0.06	0.85	0.02	0.52	0.06	3
河北	0.41	0.78	0.79	0.55	0.53	0.83	20
辽宁	0.44	0.62	0.81	0.30	0.54	0.63	16
江苏	0.51	0.61	0.74	0.35	0.69	0.72	18
浙江	0.38	0.97	0.72	0.72	0.51	0.95	32
福建	0.45	0.99	0.80	0.48	0.56	0.99	31
山东	0.34	0.97	0.82	0.44	0.40	0.97	23
广东	0.60	0.93	0.86	0.44	0.69	0.90	32
海南	0.42	0.95	0.76	0.45	0.55	0.98	12
山西	0.38	0.88	0.77	0.43	0.51	0.96	32
吉林	0.44	0.84	0.72	0.63	0.61	0.82	23
黑龙江	0.54	0.61	0.81	0.35	0.64	0.72	14
安徽	0.59	0.63	0.84	0.39	0.70	0.57	24
江西	0.45	0.86	0.85	0.31	0.51	0.84	16
河南	0.48	0.90	0.85	0.26	0.55	0.92	19
湖北	0.48	0.72	0.79	0.51	0.61	0.55	22
湖南	0.44	0.99	0.74	0.65	0.57	0.97	25
内蒙古	0.43	0.27	0.73	0.43	0.59	0.20	9

续表

省（区、市）	平均综合效率	综合效率最大值与最小值之差	平均纯技术效率	纯技术效率最大值与最小值之差	平均规模效率	规模效率最大值与最小值之差	社区数量（个）
广西	0.51	0.30	0.77	0.44	0.77	0.41	10
重庆	0.46	0.85	0.66	0.74	0.70	0.67	20
四川	0.41	0.77	0.76	0.57	0.53	0.88	27
贵州	0.52	0.69	0.72	0.48	0.74	0.80	17
云南	0.52	0.91	0.74	0.54	0.68	0.87	23
陕西	0.50	0.81	0.77	0.49	0.77	0.82	16
甘肃	0.49	0.81	0.72	0.66	0.69	0.71	16
青海	0.28	0.34	0.69	0.53	0.40	0.50	11
宁夏	0.54	0.89	0.83	0.28	0.62	0.85	7

数据来源：西南财经大学中国家庭金融调查与研究中心"2015年城乡社区治理调查"数据。

最后，再从区域差别来看农村社区公共服务的效率差异。如表5-12所示，东部地区农村社区在综合效率上最大值与最小值之差为0.99，平均值为0.45；中部地区农村社区在综合效率上最大值与最小值之差为为0.99，平均值为0.47；西部地区农村社区在综合效率上最大值与最小值之差为0.97，平均值为0.47。东部地区农村社区在纯技术效率上最大值与最小值之差为0.72，平均值为0.80；中部地区农村社区在纯技术效率上最大值与最小值之差为0.65，平均值为0.79；西部地区农村社区在纯技术效率上最大值与最小值之差为0.74，平均值为0.74。东部地区农村社区在规模效率上最大值与最小值之差为0.99，平均值为0.56；中部地区农村社区在规模效率上最大值与最小值之差为0.98，平均值为0.63；西部地区农村社区在规模效率上最大值与最小值之差为0.94，平均值为0.57。

以上数据充分说明在综合效率上，东部地区农村社区公共服务的平均效率最低，中部和西部地区社区的平均效率一致，略高于东部地区。纯技术效率上，东部地区的平均效率最高，其次为中部地区，西部地区最低。规模效率上，中部地区的平均效率最高，其次为西部地区，东部地区最低。

表 5-12　农村社区公共服务第三阶段 DEA 模型的东、中、西部效率结果

区域	平均综合效率	综合效率最大值与最小值之差	平均纯技术效率	纯技术效率最大值与最小值之差	平均规模效率	规模效率最大值与最小值之差	社区数量（个）
东部地区	0.45	0.99	0.80	0.72	0.56	0.99	191
中部地区	0.47	0.99	0.79	0.65	0.63	0.98	175
西部地区	0.47	0.97	0.74	0.74	0.57	0.94	156

数据来源：西南财经大学中国家庭金融调查与研究中心"2015 年城乡社区治理调查"数据。

（四）第一阶段与第三阶段农村社区公共服务供给总效率的比较

首先，从表 5-13 可以看出，在第一阶段能够达到最优效率的有 17 个省（区、市）37 个社区，而在第三阶段能够达到最有效率的有 11 个省（区、市）20 个社区。控制了外在环境因素、随机误差后，除了北京、天津、辽宁、江苏、海南、吉林、内蒙古、贵州、陕西这 9 个省（区、市）没有一个最优效率社区外，其余 19 个省（区、市）的社区公共服务效率发生了明显的变化。具体表现在：(1) 河北、山西、江西、湖北、广西、重庆、四川、青海、河南这 9 个省（区、市）从第一阶段有最优效率社区变为第三阶段完全无最优效率社区。其中，湖北最优效率社区从 3 个降为 0 个；河北、河南、江西、广西这 4 个省（区）最优效率社区个数从 2 个降为 0 个；山西、重庆、四川、青海这 4 个省（市）从 1 个降为 0 个。(2) 福建、黑龙江、广东、安徽这 4 个省最优效率社区个数明显减少。其中，福建、黑龙江分别从 2 个最优效率社区变为 1 个；

第五章　农村社区公共服务供给效率及影响因素

广东从7个最优效率社区变为5个，其中有2个社区在第一阶段并没达到最优；安徽从4个最优效率社区变为1个，且这个社区在第一阶段并没达到最优。(3) 浙江、宁夏从第一阶段的完全无最优效率社区变为第三阶段的有最优效率社区。其中，浙江从0个增加到2个，宁夏从0个增加到1个。(4) 云南从第一阶段的2个最优效率社区变为第三阶段的3个最优效率社区。(5) 在第一阶段和第三阶段，最优效率社区个数保持不变的只有山东、甘肃和湖南。

从区域上来进行比较（如表5-13），东部地区在第一阶段能够达到最优效率的社区总共有12个，在第三阶段能够达到最优效率的社区只有9个；中部地区在第一阶段能够达到最优效率的社区总共有17个，在第三阶段能够达到最优效率的社区只有5个；西部地区在第一阶段能够达到最优效率的社区总共有8个，在第三阶段能够达到最优效率的社区只有5个。

其次，如表5-14所示，从各省（区、市）的平均效率来看，在综合效率上，第三阶段相对第一阶段提升的有17个省（区、市）市，其中，东部地区有6个，中部地区有3个，西部地区有8个，具体有：辽宁（0.04）、江苏（0.24）、浙江（0.12）、福建（0.10）、广东（0.03）、海南（0.12）、吉林（0.11）、黑龙江（0.06）、湖南（0.02）、内蒙古（0.06）、重庆（0.19）、四川（0.01）、贵州（0.17）、云南（0.20）、陕西（0.12）、甘肃（0.11）、宁夏（0.12）。其中，综合效率提升排在前三名的是江苏、云南、重庆。第三阶段相对第一阶段综合效率下降的有6个省（市），其中，东部地区有3个，中部地区有2个，西部地区有1个，具体有：北京（-0.02）、天津（-0.01）、河北（-0.02）、江西（-0.08）、湖北（-0.01）、青海（-0.07）。第三阶段相对第一阶段综合效率不变的有5个省（区），其中，东部地区有1个，中部地区有3个，西部地区有1个，具体有：山东、山西、安徽、河南、广西。

表 5-13 第一阶段与第三阶段综合效率、纯技术效率、规模效率均达到最优效率的社区比较

单位：个

区域	省（区、市）	第一阶段	第三阶段	省（区、市）	第一阶段	第三阶段	省（区、市）	第一阶段	第三阶段
东部地区	北京	0	0	天津	0	0	河北	2	0
	辽宁	0	0	江苏	0	0	浙江	0	2
	福建	2	1	山东	1	1	广东	7	5
	海南	0	0						
中部地区	山西	1	0	吉林	0	0	黑龙江	2	1
	江西	2	0	安徽	4	1	河南	2	0
	湖北	3	0	湖南	3	3			
西部地区	内蒙古	0	0	广西	2	0	重庆	1	0
	四川	1	0	贵州	0	0	云南	2	3
	陕西	0	0	甘肃	1	1	青海	1	0
	宁夏	0	1						

数据来源：西南财经大学中国家庭金融调查与研究中心"2015年城乡社区治理调查"数据。

在纯技术效率上，28个省（区、市）在第三阶段相对第一阶段都有所提升的有：北京（0.32）、天津（0.31）、河北（0.31）、辽宁（0.34）、江苏（0.44）、浙江（0.38）、福建（0.37）、山东（0.35）、广东（0.23）、海南（0.32）、山西（0.30）、吉林（0.32）、黑龙江（0.31）、安徽（0.20）、江西（0.26）、河南（0.30）湖北（0.25）、湖南（0.27）、内蒙古（0.33）、广西（0.24）、重庆（0.33）、四川（0.31）、贵州（0.10）、云南（0.38）、陕西（0.34）、甘肃（0.30）、青海（0.29）、宁夏（0.32）。其中，纯技术效率上升最快的有江苏、浙江、云南以及福建。这充分说明，在对环境变量进行控制后，28个省（区、市）的纯技术效率都有明显上升。

在规模效率上，共有25个省（区、市）第三阶段相对第一阶段有所下降，分别为北京（-0.34）、天津（-0.33）、河北（-0.33）、辽宁（-0.30）、江苏（-0.18）、浙江（-0.21）、福建（-0.23）、山东（-0.24）、广东（-0.19）、海南（-0.20）、山西（-0.30）、吉林（-0.24）、黑龙江（-0.24）、安徽（-0.21）、江西（-0.32）、河南（-0.28）、湖北（-0.29）、湖南（-0.22）、内蒙古（-0.33）、重庆（-0.18）、四川（-0.32）、云南（-0.13）、甘肃（-0.20）、青海（-0.36）、宁夏（-0.19）。其中，下降最快的有青海、北京、天津、内蒙古。而第三阶段相对于第一阶段，规模效率上升的有陕西（0.34）、贵州（0.27）、广西（0.24），全部属于西部地区。

表5-14 第一阶段与第三阶段省（区、市）间农村社区公共服务供给效率比较

省（区、市）	综合效率平均值（第一阶段）	纯技术效率平均值（第一阶段）	规模效率平均值（第一阶段）	综合效率平均值（第三阶段）	纯技术效率平均值（第三阶段）	规模效率平均值（第三阶段）	社区数量（个）
北京	0.45	0.53	0.84	0.43	0.85	0.50	4

续表

省 (区、市)	综合效率平均值 (第一阶段)	纯技术效率平均值 (第一阶段)	规模效率平均值 (第一阶段)	综合效率平均值 (第三阶段)	纯技术效率平均值 (第三阶段)	规模效率平均值 (第三阶段)	社区数量 (个)
天津	0.46	0.54	0.85	0.45	0.85	0.52	3
河北	0.43	0.48	0.86	0.41	0.79	0.53	20
辽宁	0.40	0.47	0.84	0.44	0.81	0.54	16
江苏	0.27	0.30	0.87	0.51	0.74	0.69	18
浙江	0.26	0.34	0.72	0.38	0.72	0.51	32
福建	0.35	0.43	0.79	0.45	0.80	0.56	31
山东	0.34	0.47	0.64	0.34	0.82	0.40	23
广东	0.57	0.63	0.88	0.60	0.86	0.69	32
海南	0.30	0.44	0.75	0.42	0.76	0.55	12
山西	0.38	0.47	0.81	0.38	0.77	0.51	32
吉林	0.33	0.40	0.85	0.44	0.72	0.61	23
黑龙江	0.48	0.50	0.88	0.54	0.81	0.64	14
安徽	0.59	0.64	0.91	0.59	0.84	0.70	24
江西	0.53	0.59	0.83	0.45	0.85	0.51	16
河南	0.48	0.55	0.83	0.48	0.85	0.55	19
湖北	0.49	0.54	0.90	0.48	0.79	0.61	22
湖南	0.42	0.47	0.79	0.44	0.74	0.57	25
内蒙古	0.37	0.40	0.92	0.43	0.73	0.59	9
广西	0.51	0.53	0.53	0.51	0.77	0.77	10
重庆	0.27	0.33	0.88	0.46	0.66	0.70	20
四川	0.40	0.45	0.85	0.41	0.76	0.53	27
贵州	0.35	0.62	0.47	0.52	0.72	0.74	17
云南	0.32	0.36	0.81	0.52	0.74	0.68	23
陕西	0.38	0.43	0.43	0.50	0.77	0.77	16
甘肃	0.38	0.42	0.89	0.49	0.72	0.69	16
青海	0.35	0.40	0.76	0.28	0.69	0.40	11
宁夏	0.42	0.51	0.81	0.54	0.83	0.62	7

数据来源：西南财经大学中国家庭金融调查与研究中心"2015年城乡社区治理调查"数据。

再次，从地域上对两个阶段 DEA 效率结果进行比较，如表 5-15 所示，在综合效率上，东部地区从第一阶段的 0.38 上升到第三阶段的 0.45，中部地区从从第一阶段的 0.45 上升到第三阶段的 0.47，西部地区从第一阶段的 0.36 上升到第三阶段的 0.47。这说明外在环境因素对东部、中部、西部地区的综合效率均有影响，其中对西部地区影响最大，因而在相同的环境下，西部地区的社区公共服务效率提升最快。而外在环境因素对于中部地区综合效率的影响并不太明显，因而在相同环境下，其综合效率平均值提升幅度最小。

在纯技术效率上，东部地区从第一阶段的 0.46 上升到第三阶段的 0.80，中部地区从第一阶段的 0.52 上升到第三阶段的 0.79，西部地区从第一阶段的 0.42 上升到第三阶段 0.74。这说明外在环境因素对于东部、中部、西部地区的纯技术效率均有明显影响。其中，对东部地区的纯技术效率影响较大，因而在相同环境下，东部地区纯技术效率平均值提升明显。

在规模效率上，东部地区从第一阶段的 0.80 下降到第三阶段的 0.56，中部地区从第一阶段的 0.85 下降到第三阶段的 0.63，西部地区从第一阶段的 0.85 下降到第三阶段 0.57。这说明外在环境因素对于东部、中部、西部地区的规模效率均有明显影响。其对西部地区的规模效率影响较大，因而在相同环境下，西部地区规模效率平均值下降明显。

最后，全国 522 个农村样本社区，在社区平均综合效率上，第三阶段相对于第一阶段提高了 0.06，达到 0.46；在社区平均纯技术效率上，第三阶段相对于第一阶段提高了 0.31，达到 0.78；在社区平均规模效率上，第三阶段相对于第一阶段下降了 0.24，只有 0.59。说明社区平均综合效率、平均纯技术效率、平均规模效率还非常低，需要提升社区公共服务的管理效率以及扩大规模。

表5-15　第一阶段与第三阶段区域之间农村社区公共服务供给效率的比较

区域	综合效率平均值（第一阶段）	纯技术效率平均值（第一阶段）	规模效率平均值（第一阶段）	综合效率平均值（第三阶段）	纯技术效率平均值（第三阶段）	规模效率平均值（第三阶段）	社区数量（个）
东部地区	0.38	0.46	0.80	0.45	0.80	0.56	191
中部地区	0.45	0.52	0.85	0.47	0.79	0.63	175
西部地区	0.36	0.42	0.85	0.47	0.74	0.57	156
全国	0.40	0.47	0.83	0.46	0.78	0.59	522

数据来源：西南财经大学中国家庭金融调查与研究中心"2015年城乡社区治理调查"数据。

第六章 农村社区公共服务项目的供给效率及影响因素

一 农村社区公共服务供给效率评价

(一) 变量的选择及数据说明

西南财经大学中国家庭金融调查与研究中心"2015年城乡社区治理调查"数据显示,在农村社区公共服务经费的总投入中,项目经费(社区专项公共经费、社区承接上级政府的公共服务项目经费、社区配套上级政府的公共服务项目经费)占到了总投入的88%。可见在农村,社区公共服务的供给大多按照项目的方式在进行。这与近年来政府以项目方式供给社区公共服务的实践相一致。项目供给方式成为农村社区公共服务的最主要的供给方式。那么,通过项目的方式供给的农村社区公共服务的效率如何?项目供给方式是否能够提高农村社区公共服务的供给效率呢?

本章借用三阶段 DEA 模型,针对 2014 年开展了社区公共服务项目投入的农村社区进行效率分析,旨在发现农村社区公共服务项目的供给效率以及影响项目供给效率的因素。在 522 个农村样本社区中，仅仅有289个社区有项目资金的投入，占到55.4%。基于DEA本身对数据的要求，投入变量中不能有为0的数据，因而本章仅仅对具有项目资金投入的289个社区进行分析。

本章的投入变量依然分为两类：一类是社区公共服务经费，即将社区专项公共经费、社区承接上级政府的公共服务项目经费、社区配套上级政府的公共服务项目经费这三部分项目经费进行加总合并，作为社区公共服务项目经费投入。另一类是社区公共服务人员的投入，即社区"两委"工作人员与社区雇用专职人员的总数。产出变量沿用上一章的产出变量，即社区文化公共服务、社区社会组织服务、社区社会性公共服务、社区法律公共服务、社区计划生育公共服务、社区社会保障公共服务。

环境变量同样采用社区经济发展水平、社区干部政策激励、区地理位置、社区参与水平、社区精英水平、社区人口结构、社区城市化水平。数据处理方式也与上一章一致（见表6-1）。

表6-1 项目投入下农村社区公共服务效率评价指标体系

	一级指标	二级指标
投入变量	社区公共服务经费	社区专项公共经费
		社区承接上级政府的公共服务项目经费
		社区配套上级政府的公共服务项目经费
	社区工作人员	社区"两委"工作人员数
		社区雇用专职人员数
产出变量	社区文化公共服务	社区图书室数
		社区图书室藏书量
		社区图书月借阅量
		社区参与社区娱乐活动的人数
	社区社会组织服务	社区社会组织个数
	社区社会性服务	社区养老床位数

续表

	一级指标	二级指标
产出变量	社区法律公共服务	社区戒毒人员数量
		社区矫正人员数量
	社区计划生育公共服务	社区生育二孩申请服务人数
	社区社会保障公共服务	居民医疗保险参保人数
		居民养老保险参保人数
		最低生活保障领取人数
环境变量	社区经济发展水平	人均可支配收入
	社区干部激励政策	社区书记事业编制
	地理位置	社区离所在县城的距离
	社区参与水平	召开社区居民大会的次数
		社区居民参与社区选举的人数
	社区精英水平	社区党员人数
		社区党员大专及以上学历人数
		社区"两委"大专及以上学历人数
	社区人口结构	社区老年人口数
		社区户籍人口数
		社区人口密度
	社区城市化水平	社区非农业人口数

（二）农村社区公共服务项目投入产出变量的描述性分析

如表6-2所示，东部地区有社区公共服务项目资金投入的社区有103个，占东部社区的54%。中部地区有社区公共服务项目资金投入的社区有91个，占中部社区的52%，其中，黑龙江、河南、吉林有项目投入的社区相对较少。西部地区有社区公共服务项目资金投入的社区有95个，占西部社区的61%，其中，内蒙古、广西、陕西、青海、宁夏有项目投入的社区相对较少。下面将从社区、省际、区域三个层面对社区公共服务项目的效率进行比较分析。

表6-2 农村社区分布情况（项目投入下）

单位：个

省（区、市）	社区数量	省（区、市）	社区数量	省（区、市）	社区数量
北京	2（4）	山西	18（32）	内蒙古	1（9）
天津	2（3）	吉林	10（23）	广西	4（10）
河北	8（20）	黑龙江	3（14）	重庆	15（20）
辽宁	7（16）	安徽	14（24）	四川	21（27）
江苏	13（18）	江西	12（16）	贵州	13（17）
浙江	16（32）	河南	6（19）	云南	16（23）
福建	22（31）	湖北	12（22）	陕西	7（16）
山东	12（23）	湖南	16（25）	甘肃	12（16）
广东	13（32）			青海	2（11）
海南	8（12）			宁夏	4（7）
东部地区	103（191）	中部地区	91（175）	西部地区	95（156）

数据来源：西南财经大学中国家庭金融调查与研究中心"2015年城乡社区治理调查"数据。

注：括号里是总投入下的社区数量，括号外是项目投入下的社区数量。

首先，从投入变量（表6-3、表6-4、表6-5）来看，在统计的289个农村社区中，农村社区公共服务项目资金投入的平均值为170.75万元，最小值为0.095万元，最大值为6000万元，标准差为516.69万元，说明289个农村社区在社区公共服务项目资金投入上的差距非常大。从省（区、市）层面看，农村社区公共服务项目经费排在前三位的是甘肃（903.79万元）、云南（491.92万元）、重庆（471.02万元），排在后三位的是广西（37.18万元）、山东（12.65万元）、黑龙江（3.36万元）。农村社区公共服务项目资金投入最多的省（区、市）是项目资金投入最少的省（区、市）的268倍，说明省（区、市）间差异非常大。从区域层面看，东部地区农村社区公共服务项目经费为

94.41万元，中部地区为75.29万元，西部地区为345.76万元，说明东、中、西部地区差异也非常大，特别是西部地区在农村社区公共服务项目经费上的投入最高。

表6-3 省（区、市）间农村社区公共服务项目投入

省（区、市）	农村社区公共服务项目经费（万元）	农村社区公共服务人员（人）	省（区、市）	农村社区公共服务项目经费（万元）	农村社区公共服务人员（人）	省（区、市）	农村社区公共服务项目经费（万元）	农村社区公共服务人员（人）
北京	100.50	8.50	山西	40.12	9.78	内蒙古	50.00	6.00
天津	251.75	5.50	吉林	72.56	13.09	广西	37.18	8.75
河北	45.46	9.23	黑龙江	3.36	8.67	重庆	471.02	21.40
辽宁	61.91	7.29	安徽	43.80	8.07	四川	56.79	11.62
江苏	432.23	13.08	江西	141.57	6.08	贵州	453.57	14.33
浙江	169.94	15.13	河南	87.04	6.67	云南	491.92	16.06
福建	118.84	11.14	湖北	119.98	8.83	陕西	43.36	9.14
山东	12.65	6.58	湖南	65.29	14.88	甘肃	903.79	18.00
广东	62.08	12.17				青海	224.25	9.50
海南	79.16	18.38				宁夏	125.33	7.75

数据来源：西南财经大学中国家庭金融调查与研究中心"2015年城乡社区治理调查"数据。

表6-4 东、中、西部地区农村社区公共服务项目平均投入

区域	农村社区公共服务项目经费（万元）	农村社区公共服务人员（人）	社区数量（个）
东部地区	94.41	11.48	103
中部地区	75.29	10.12	91
西部地区	345.76	14.37	95

数据来源：西南财经大学中国家庭金融调查与研究中心"2015年城乡社区治理调查"数据。

那么如何解释2014年西部地区在农村社区公共服务项目经

费上上的投入会高于东部地区呢？实际上，这些农村社区公共服务项目经费主要应用于经济性的的农田水利建设、交通设施建设等硬性社区公共服务上，只有少部分会花费在非经济性的软性社区公共服务上。东部农村地区早已在硬性社区公共服务上得到了充足的投入，表现为已有较成熟的道路交通、农田水利等设施，而西部农村地区的社区公共服务发展长期滞后，在国家支持西部发展的政策下，西部地区投入了更多的项目经费，因而表现为2014年西部地区农村社区公共服务投入的经费比东部地区高。但这些经费更多的是运用在经济性的社区公共服务上，这也能部分解释尽管社区公共服务项目的经费投入大，但软性社区公共服务的供给并不一定充足的现象。而中部地区较西部地区在农村社区公共服务供给上的政策支持较弱，而经济基础也较东部地区差，因而2014年在农村社区公共服务经费的投入排在西部和东部后面。社区公共服务人员投入上，平均值为11.97人，最小值为3人，最大值为63人，标准差为10.15人。

从产出变量来看，社区图书室数的平均值只有0.96个；社区之间在藏书量上差异较大，社区图书室藏书量的平均值为2261册，而一些社区能达到3万册；社区图书月借阅量的平均值仅为51册，部分社区基本没有任何借阅量，而最高的社区能达到1100册；社区参与社区娱乐活动的平均人数为35人，一些社区并没有提供社区娱乐活动的场地和设施，人数为0，最多的人数可达400人；社区社会组织个数非常少，平均值仅为0.76个，一些社区根本没有社区社会组织，社区社会组织发展最好的社区拥有13个社区社会组织；社区养老床位平均仅只有3.25张，一些社区没有提供社区养老服务，而在养老服务提供最好的社区则有多达150张床位；社区矫正人员和戒毒人员平均人数为1.88人，最大值为35人，标准差为4.76人；社区生育二孩申请服务人数的平均值为12.55人，最大值为1755人，标准差为103.33人；居民医疗保险参保人数平均值为 1945.40 人，最大值为 10720 人；居民养老保险参保人数平均值为 1533.33 人，最大值为 10720 人；最低生活保障领取人数平均值为 89.01 人，最大值为 596 人。

表 6-5　农村社区公共服务项目投入与产出的描述

投入变量	最小值	最大值	平均值	标准差	样本量（个）
社区公共服务项目资金投入（万元）	0.095	6000	170.75	516.69	289
社区工作人员投入（人）	3	63	11.97	10.15	289
产出变量	最小值	最大值	平均值	标准差	样本量
社区图书室数（个）	0	3	0.96	0.45	289
社区图书室藏书量（册）	0	30000	2261.10	3162.67	289
社区图书月借阅量（册）	0	1100	50.65	121.51	289
社区参与社区娱乐的人数（人）	0	400	35.23	52.36	289
社区社会组织个数（个）	0	13	0.76	1.85	289
社区养老床位数（张）	0	150	3.25	14.20	289
社区矫正人员和戒毒人员数（人）	0	35	1.88	4.76	289
社区生育二孩申请人数（人）	0	1755	12.55	103.33	289
居民医疗保险参保人数（人）	10	10720	1945.40	1455.96	289
居民养老保险参保人数（人）	0	10720	1533.33	1383.26	289
最低生活保障领取人数（人）	0	596	89.01	99.65	289

数据来源：西南财经大学中国家庭金融调查与研究中心"2015 年城乡社区治理调查"数据。

二　实证结果及影响因素分析

（一）第一阶段：传统 DEA 分析结果

运用 DEAP2.1 软件对 2014 年全国 289 个农村社区进行 DEA

分析，得到289个农村社区的社区公共服务项目的综合效率、纯技术效率、规模效率，28个省（区、市）的社区公共服务项目的平均综合效率、平均纯技术效率和平均规模效率以及东部、中部、西部的社区公共服务项目的平均综合效率、平均纯技术效率和平均规模效率。

在统计的289个有项目投入的社区中，社区公共服务综合效率的均值为0.52，纯技术效率为0.61，规模效率为0.84（见表6-8）。说明社区公共服务项目效率较低，无论是综合效率，还是纯技术效率、规模效率都没达到最优，因而提升的空间非常大。

在第一阶段能够达到效率前沿面的社区，即综合效率、纯技术效率、规模效率都能达到1的社区覆盖18个省（区、市）37个社区，占到统计样本的12.80%。分别有山西的2个社区、辽宁的1个社区、黑龙江的2个社区、浙江的2个社区、安徽的3个社区、江西的1个社区、山东的5个社区、河南的1个社区、湖北的2个社区、湖南的3个社区、广东的6个社区、广西的1个社区、海南的1个社区、重庆的1个社区、贵州的2个社区、陕西的2个社区、甘肃的1个社区、宁夏的1个社区。而天津、北京、河北、内蒙古、吉林、福建、江苏、四川、青海、云南这10个省（区、市）没有1个社区能达到最佳效率。

首先，对第一阶段DEA效率进行比较，如图表6-6所示，可以看出，黑龙江、安徽、江西、山东、河南、湖北、湖南、广东、广西、重庆、甘肃这11个省（区、市）无论在社区公共服务总投入下，还是在社区公共服务项目投入下，在第一阶段DEA效率分析结果中，都有最优效率社区，而北京、天津、内蒙古、江苏、吉林这5个省（区、市）都没有最优效率社区。河北、福建、四川、云南、青海在总投入下有社区公共服务效率最优社区，但是在项目投入的社区公共服务下没有最优效率社区。辽宁、浙江、海南、贵州、陕西、宁夏这6个省（区）在社区公共服务总投入下没有最优效率社区，但是在项目投入下有最优效率社区。这说明在DEA分析的第一阶段，即在不分离环境因素、随机误差的影响下，无论是总投入还是项目投入，河北、福建、四川、云南、青海在项目投入下的社区公共服务效率低，辽宁、浙江、海南、贵州、陕西、宁夏在项目投入下的社区公共服务效率高。

表6-6 农村社区公共服务总效率与农村社区公共服务项目效率的比较（第一阶段）

	未达到最优效率的社区所在省（区、市）	达到最优效率的社区所在省（区、市）
总投入下的社区公共服务DEA效率分析结果（第一阶段）	北京、天津、辽宁、陕西、内蒙古、宁夏、海南、贵州、江苏、浙江、吉林	河北、山西、黑龙江、安徽、福建、江西、山东、河南、湖北、湖南、广东、广西、重庆、四川、云南、甘肃、青海
项目投入下的社区公共服务DEA效率分析结果（第一阶段）	北京、天津、河北、内蒙古、吉林、福建、江苏、四川、青海、云南	山西、辽宁、黑龙江、浙江、安徽、江西、山东、河南、湖北、湖南、广东、广西、海南、重庆、贵州、陕西、甘肃、宁夏

数据来源：西南财经大学中国家庭金融调查与研究中心"2015年城乡社区治理调查"数据。

其次，从各省（区、市）社区的社区公共服务项目效率来看，各省（区、市）之间的差异也非常明显（如表6-7所示）。在农村社区公共服务项目的平均综合效率上，排在前三位的分别是黑龙江（0.88）、广西（0.78）、广东（0.78）、安徽（0.70），排在后三位的分别是浙江（0.36）、重庆（0.33）、宁夏（0.24），最大值是最小值的3.7倍，说明各省（区、市）之间的农村社区公共服务项目综合效率差异较大。在农村社区公共服务项目的平均纯技术效率上，排在前三位的分别是黑龙江（0.88）、广西（0.82）、广东（0.80），排在后三位的分别是北京（0.46）、重庆（0.46）、江苏（0.42）、青海（0.36），最大值是最小值的2.4倍，说明各省（区、市）之间的农村社区公共服务项目在平均技术效率上差异也大。在农村社区公共服务项目的平均规模效率上，排在前三位的分别是黑龙江（0.99）、广东（0.96）、广西（0.94），排在后三位的分别是河南（0.78）、山东（0.77）、青海（0.66），最大值是最小值的1.5倍，说明各省（区、市）之间农村社区公共服务项目的规模效率有差异，但并不大。与社区公共服务总效率相比，农村社区公共服务项目的平均综合效率、平均纯技术效率相对较高，各省（区、市）之间的差距相对较大；而平均规模效率相对较低，各省（区、市）之间的差异相对较小。

那么，各省（区、市）内部农村社区公共服务项目的效率如何呢？各省（区、市）内部农村社区之间社区公共服务项目的综合效率最大值与最小值之间差异最大排前三位的分别是湖南（0.97）、甘肃（0.93）、山西（0.92），排在后三位的分别是天津（0.29）、青海（0.16）、内蒙古（0），说明湖南、甘肃、山西的农村社区在公共服务项目的综合效率之间的差异非常大。各省（区、市）内部农村社区公共服务项目的纯技术效率最大值与最小值之差排前三位的分别是甘肃（0.92）、湖南（0.92）、吉林（0.92）、重庆（0.89）、云南（0.88），排在后三位的分别是青海（0.05）、天津（0.01）、内蒙古（0）。各省（区、市）内部农村社区公共服务项目的规模效率最大值与最小值之差排前三位的分别是福建（0.94）、重庆（0.85）、江西（0.83），排在后三位的分别是广西（0.12）、黑龙江（0.02）、内蒙古（0）。

第六章 农村社区公共服务项目的供给效率及影响因素

表6-7 各省(区、市)第一阶段农村社区公共服务项目效率DEA结果

省(区、市)	平均综合效率	综合效率最大值	综合效率最小值	平均纯技术效率	纯技术效率最大值	纯技术效率最小值	平均规模效率	规模效率最大值	规模效率最小值	社区数量(个)
北京	0.40	0.59	0.21	0.46	0.63	0.30	0.81	0.94	0.69	2
天津	0.55	0.69	0.40	0.69	0.70	0.69	0.79	1	0.58	2
河北	0.52	0.88	0.21	0.57	0.88	0.22	0.91	1	0.66	8
辽宁	0.61	1	0.28	0.66	1	0.32	0.90	1	0.79	7
江苏	0.39	0.61	0.16	0.42	0.67	0.21	0.90	0.99	0.75	13
浙江	0.36	1	0.27	0.75	1	0.29	0.93	1	0.78	16
福建	0.38	0.78	0.04	0.49	0.87	0.15	0.81	1	0.06	22
山东	0.61	1	0.10	0.72	1	0.29	0.77	1	0.33	12
广东	0.78	1	0.23	0.80	1	0.23	0.96	1	0.23	13
海南	0.53	0.77	0.19	0.67	1	0.19	0.83	1	0.49	8
山西	0.54	1	0.08	0.62	1	0.18	0.85	1	0.22	18
吉林	0.41	0.75	0.07	0.51	1	0.08	0.83	1	0.64	10
黑龙江	0.88	1	0.63	0.88	1	0.64	0.99	1	0.98	3
安徽	0.70	1	0.27	0.75	1	0.29	0.93	1	0.78	14
江西	0.54	1	0.10	0.66	1	0.31	0.80	1	0.17	12

177

续表

省（区，市）	平均综合效率	综合效率最大值	综合效率最小值	平均纯技术效率	纯技术效率最大值	纯技术效率最小值	平均规模效率	规模效率最大值	规模效率最小值	社区数量（个）
河南	0.53	1	0.21	0.65	1	0.43	0.78	1	0.35	6
湖北	0.58	1	0.21	0.67	1	0.21	0.87	1	0.57	12
湖南	0.49	1	0.03	0.56	1	0.08	0.80	1	0.25	16
内蒙古	0.58	0.58	0.58	0.68	0.68	0.68	0.86	0.86	0.86	1
广西	0.78	1	0.33	0.82	1	0.36	0.94	1	0.88	4
重庆	0.33	1	0.10	0.46	1	0.11	0.82	1	0.15	15
四川	0.51	0.90	0.07	0.55	0.96	0.16	0.91	1	0.36	21
贵州	0.46	1	0.15	0.78	1	0.22	0.82	1	0.35	13
云南	0.46	0.92	0.06	0.56	1	0.12	0.82	0.99	0.38	16
陕西	0.58	1	0.27	0.70	1	0.38	0.82	1	0.46	7
甘肃	0.54	1	0.07	0.60	1	0.08	0.89	1	0.68	12
青海	0.24	0.32	0.16	0.36	0.38	0.33	0.66	0.85	0.47	2
宁夏	0.63	1	0.37	0.74	1	0.54	0.82	1	0.68	4

数据来源：西南财经大学中国家庭金融调查与研究中心"2015年城乡社区治理调查"数据。

最后，从区域性差别来看，如表 6-8 所示，东部地区农村社区公共服务项目的平均综合效率为 0.49，平均纯技术效率为 0.59，平均规模效率为 0.83，相对于总投入下的社区公共服务的平均综合效率、平均纯技术效率、平均规模效率都有所提高；中部地区农村社区公共服务项目的平均综合效率为 0.56，平均纯技术效率为 0.64，平均规模效率为 0.85，相对于总投入下的社区公共服务，平均综合效率、平均纯技术效率都有所提高，平均规模效率不变；西部地区农村社区公共服务项目的平均综合效率为 0.51，平均纯技术效率为 0.60，平均规模效率为 0.85，相对于总投入下的社区公共服务，平均综合效率、平均纯技术效率都有所提高，平均规模效率不变。

表 6-8 东、中、西部农村社区公共服务项目
第一阶段 DEA 模型的效率

区域	类别	平均综合效率	平均纯技术效率	平均规模效率	社区数量（个）
东部地区	社区公共服务（总投入）	0.38	0.46	0.80	191
	社区公共服务（项目投入）	0.49	0.59	0.83	103
中部地区	社区公共服务（总投入）	0.45	0.52	0.85	175
	社区公共服务（项目投入）	0.56	0.64	0.85	91
西部地区	社区公共服务（总投入）	0.36	0.42	0.85	156
	社区公共服务（项目投入）	0.51	0.60	0.85	95
全国	社区公共服务（总投入）	0.40	0.47	0.83	522
	社区公共服务（项目投入）	0.52	0.61	0.84	289

数据来源：西南财经大学中国家庭金融调查与研究中心"2015 年城乡社区治理调查"数据。

（二）第二阶段 SFA 分析：农村社区公共服务项目效率的影响因素

应用 Frontier 4.1 软件，根据 SFA 分析结果来调整各农村社

区公共服务项目的原始投入值，分离出随机误差以及环境因素的影响，从而更清晰地反映各社区公共服务项目的管理效率。以第一阶段DEA模型的松弛变量（投入差额值，即原始投入与目标投入的差额）作为因变量，将社区经济发展水平、社区干部激励政策、地理位置、社区参与水平、社区精英水平、社区人口结构、社区城市化水平作为自变量，利用最大似然估计进行分析。同样，对环境变量进行标准化处理，以消除不同单位的影响。每一个投入对应一个独立的回归方程，因而需要分别计算环境变量对于农村社区公共服务项目经费、农村社区公共服务项目人员的影响。首先，计算环境变量对于社区公共服务项目经费投入的影响，结果如表6-9所示：γ值为1，且在1%的水平上非常显著，说明采用SFA模型进行分析十分合理。再从这7个环境变量（10个指标）对于社区公共服务项目总投入松弛变量的影响来看，发现只有社区经济发展水平、社区干部激励政策、地理位置、社区参与水平这4个变量（具体指标是人均可支配收入、社区书记事业编制、社区离所在县城距离、召开社区居民大会的次数）对于社区公共服务项目资金松弛变量的影响在1%的水平上显著，而社区人口结构、社区城市化水平、社区精英水平这3个变量没有影响。

表6-9 农村社区公共服务项目投入松弛变量的SFA回归模型结果

自变量	相关系数	标准差	T值
常数项	-1932961.40	1.00	-1932961.40
人均可支配收入	-165301.06	1.00	-165301.06
社区书记事业编制	-119394.60	1.00	-119394.60
社区离所在县城的距离	75390.72	1.00	75390.72
召开社区居民大会的次数	25917305.00	1.00	25917305.00
σ^2	29563866000000.00	1.00	29563866000000.00

续表

自变量	相关系数	标准差	T值
γ	1.00	1.64	60.95
LR单边误差检验	150.40		

同样，利用SFA模型对社区工作项目人员投入的松弛变量进行分析，如表6-10所示，γ值为1，且在1%的水平上非常显著，充分说明采用SFA模型分析是合理的。再从这4个环境变量对于社区公共服务项目人员投入的松弛变量的影响来看，都在1%的水平上非常显著。

表6-10 农村社区工作人员项目投入松弛变量的SFA回归模型结果

自变量	相关系数	标准差	T值
常数项	-3.80	0.04	-100.23
人均可支配收入	0.08	0.03	2.67
社区书记事业编制	0.22	0.03	6.51
社区离所在县城的距离	-0.13	0.01	-8.96
召开社区居民大会的次数	-64.19	1.14	-56.08
σ^2	159.28	1.77	89.79
γ	1.00	0.00	15280089.00
LR单边误差检验	256.43		

可见，社区经济发展水平、社区干部激励政策、地理位置、社区参与水平这4个变量对农村社区公共服务项目效率有显著影响。

社区经济发展水平：人均可支配收入对于农村社区公共服务项目投入松弛变量的回归系数为负数，说明人均可支配收入对于农村社区公共项目的效率具有正效应，即人均可支配收入越高，农村社区公共服务项目投入的效率越高。人均可支配收入越高，说明该社区的经济发展程度越高，那么就越有可能有更多的项目资金投入以及更好的技术条件和更高的项目管理水平，这无疑会提高社区公共服务项目的投入效率。而人均可支配收入对社区公共服务人员投入松弛变量的回归系数为正数，说明人均可支配收入对社区公共服务人员的效率具有负效应，即人均可支配收入越高，社区工作人员的效率越低。这有可能因为当人均可支配收入越高时，社区工作人员的收入较低，这会影响到社区工作人员的努力程度。

社区干部激励政策：社区书记事业编制政策对于社区公共服务项目投入松弛变量的回归系数为负数，说明社区书记事业编制对社区公共服务项目投入具有正效应，即实行社区书记事业编制的社区比没有实行社区书记事业编制的社区，社区公共服务项目投入更加有效。项目本身的时效性特征要求社区在限定的时间内完成项目计划。社区书记作为负责人，项目运行的成功与否与其职位密切相关。事业编制的体制内特征带有明显的激励效应，因而会提高社区公共服务项目投入的正效应。而社区书记事业编制对社区公共服务人员投入松弛变量的回归系数为正数，说明社区书记事业编制无法对社区工作人员起到激励作用。由于项目的非持续性，社区工作人员（除社区书记）难以通过一个项目或几个项目的实施而获得晋升。同时，年度项目的实施无疑会增加社区工作人员的工作量，可能导致社区工作人员在项目中互相推诿，从而效率低下。

地理位置：社区离所在县城的距离对于社区公共服务项目投入松弛变量的回归系数为正数，说明离县城越远，社区公共服务项目资金效率越低。社区离所在县城的距离对于对社区公共服务人员投入松弛变量的回归系数为负数，说明离县城越远的社区，社区公共服务项目人员的效率越高。

社区参与水平：社区召开居民大会的次数对于社区公共服务项目投入松弛变量的回归系数为正数，说明社区召开居民大会的次数对社区公共服务项目效率具有负效应,即社区召开居民大会越多,社区公共服务项目经费效率越低。这有可能是因为社区居民对于社区公共服务项目信息不对称。而社区召开居民大会的次数对社区公共服务人员投入松弛变量的回归系数为负数,说明社区召开居民大会的次数对社区公共服务人员的效率具有正效应。社区居民参与率越高,越是能够提高社区工作人员的积极性,越是有利于促进其效率。

(三) 农村社区公共服务项目第三阶段 DEA 模型的结果

在第三阶段,运用在第二阶段调整后的投入数据来替代第一阶段的投入数据,再次运用 DEA 分析中的投入导向模型进行分析,使各社区处于相同的环境与机遇之下,所得效率是剔除了外在环境因素和随机误差后的效率。

首先,从 289 个样本社区来看,在相同的环境与机遇下,能够达到效率前沿面的社区,即综合效率、纯技术效率、规模效率都能达到 1 的社区覆盖 20 个省(区、市)46 个社区,占统计样本的 15.92%。分别有天津的 1 个社区、河北的 1 个社区、山西的 3 个社区、辽宁的 1 个社区、吉林的 1 个社区、黑龙江的 1 个社区、浙江的 3 个社区、安徽的 2 个社区、江西的 1 个社区、山东的 3 个社区、湖南的 5 个社区、广东的 3 个社区、海南的 1 个社区、重庆的 1 个社区、四川的 3 个社区、贵州的 4 个社区、云南的 3 个社区、陕西的 2 个社区、甘肃的 5 个社区、宁夏的 2 个社区。

其次,从省(区、市)间农村社区公共服务项目效率(见表6-11)来看,各省(区、市)农村社区公共服务项目的平均综合效率排在前三位的是宁夏(0.94)、天津(0.88)、陕西(0.83),排在后三位的是吉林(0.53)、重庆(0.49)、江苏

(0.48),最大值是最小值的 1.96 倍。各省(区、市)农村社区公共服务项目的平均纯技术效率排在前三位的是宁夏(1)、贵州(0.92)、天津(0.90)、陕西(0.90),排在后三位的是河北(0.65)、吉林(0.60)、江苏(0.53),最大值是最小值的 1.89 倍。各省(区、市)农村社区公共服务的平均规模效率排在前三位的是黑龙江(0.99)、天津(0.98)、广西(0.98)、湖北(0.96),排在后三位的是青海(0.82)、甘肃(0.81)、重庆(0.73),最大值是最小值的 1.36 倍。

从各省(区、市)内农村社区公共服务项目的综合效率、纯技术效率、规模效率来看,差异也是非常明显的。各省(区、市)内农村社区之间社区公共服务项目的综合效率最大值与最小值之差排前三位的是吉林(0.88)、浙江(0.84)、海南(0.83)、山西(0.83),说明这些省(区、市)内部社区之间的社区公共服务项目的综合效率相差非常大。而差异最小的前三位是宁夏(0.18)、青海(0.01)、内蒙古(0),说明这些省(区、市)内部社区之间的社区公共服务项目的综合效率差异相对较小。各省(区、市)内社区之间社区公共服务项目的纯技术效率最大值与最小值之差排前三位的是吉林(0.87)、浙江(0.84)、湖南(0.81),说明这些省(区、市)内部社区之间社区公共服务项目的纯技术效率相差非常大。而差异最小的前三位是天津(0.21)、青海(0.12)、内蒙古(0),说明这些省(区、市)内部社区之间社区公共服务项目的纯技术效率差异相对较小。各省(区、市)内社区之间社区公共服务项目的规模效率最大值与最小值之差排前三位的是重庆(0.72)、山西(0.70)、甘肃(0.63),说明这些省(区、市)内部社区之间社区公共服务项目的规模效率相差非常大。而差异最小的前三位是广西(0.02)、黑龙江(0.01)、内蒙古(0),说明这些省(区、市)内部社区之间的规模效率差异相对较小。

第六章 农村社区公共服务项目的供给效率及影响因素

表6-11 省（区、市）间农村社区公共服务项目综合效率、纯技术效率、规模效率（第三阶段）的比较

省（区、市）	平均综合效率	综合效率最大值	综合效率最小值	平均纯技术效率	纯技术效率最大值	纯技术效率最小值	平均规模效率	规模效率最大值	规模效率最小值	社区数量（个）
北京	0.61	0.94	0.27	0.68	0.97	0.39	0.83	0.98	0.69	2
天津	0.88	1	0.76	0.90	1	0.79	0.98	1	0.96	2
河北	0.57	1	0.25	0.65	1	0.27	0.86	1	0.77	8
辽宁	0.61	1	0.37	0.68	1	0.46	0.88	1	0.79	7
江苏	0.48	0.67	0.24	0.53	0.74	0.34	0.89	0.99	0.69	13
浙江	0.60	1	0.16	0.66	1	0.16	0.89	1	0.68	16
福建	0.57	0.97	0.18	0.67	1	0.44	0.86	1	0.40	22
山东	0.69	1	0.39	0.73	1	0.43	0.95	1	0.82	12
广东	0.75	1	0.32	0.80	1	0.34	0.95	1	0.62	13
海南	0.57	1	0.17	0.67	1	0.32	0.85	1	0.50	8
山西	0.61	1	0.17	0.71	1	0.25	0.84	1	0.30	18
吉林	0.53	1	0.12	0.60	1	0.13	0.87	1	0.73	10
黑龙江	0.77	1	0.53	0.78	1	0.54	0.99	1	0.99	3
安徽	0.73	1	0.50	0.82	1	0.55	0.89	1	0.66	14
江西	0.63	1	0.34	0.73	1	0.38	0.86	1	0.75	12

185

续表

省（区、市）	平均综合效率	综合效率最大值	综合效率最小值	平均纯技术效率	纯技术效率最大值	纯技术效率最小值	平均规模效率	规模效率最大值	规模效率最小值	社区数量（个）
河南	0.65	0.86	0.53	0.73	1	0.61	0.89	0.96	0.86	6
湖北	0.71	0.96	0.36	0.74	1	0.36	0.96	1	0.88	12
湖南	0.69	1	0.19	0.73	1	0.19	0.95	1	0.72	16
内蒙古	0.69	0.69	0.69	0.75	0.75	0.75	0.92	0.92	0.92	1
广西	0.78	0.97	0.55	0.80	1	0.56	0.98	0.99	0.97	4
重庆	0.49	1	0.24	0.69	1	0.36	0.73	1	0.28	15
四川	0.70	1	0.27	0.74	1	0.38	0.94	1	0.58	21
贵州	0.80	1	0.38	0.92	1	0.43	0.87	1	0.59	13
云南	0.65	1	0.23	0.73	1	0.42	0.86	1	0.49	16
陕西	0.83	1	0.62	0.90	1	0.63	0.93	1	0.62	7
甘肃	0.73	1	0.22	0.88	1	0.59	0.81	1	0.37	12
青海	0.70	0.70	0.69	0.86	0.92	0.80	0.82	0.89	0.75	2
宁夏	0.94	1	0.82	1	1	1	0.94	1	0.82	4

数据来源：西南财经大学中国家庭金融调查与研究中心"2015年城乡社区治理调查"数据。

最后，从区域性差别（见表 6-12）来看，东部地区农村社区之间社区公共服务项目的平均综合效率为 0.61，平均纯技术效率为 0.68，平均规模效率为 0.89；中部地区农村社区之间社区公共服务项目的平均综合效率为 0.66，平均纯技术效率为 0.73，平均规模效率为 0.90；西部地区农村社区之间社区公共服务项目的平均综合效率为 0.70，平均纯技术效率为 0.80，平均规模效率为 0.87。在平均综合效率和平均纯技术效率上，西部最高，中部次之，东部最低。而在平均规模效率上，中部地区最高，其次为东部地区，西部最低。

表 6-12 农村社区公共服务第三阶段 DEA 模型的东、中、西部项目效率结果

区域	类别	平均综合效率	平均纯技术效率	平均规模效率	社区数量
东部地区	社区公共服务（项目投入）	0.61	0.68	0.89	103
中部地区	社区公共服务（项目投入）	0.66	0.73	0.90	91
西部地区	社区公共服务（项目投入）	0.70	0.80	0.87	95
全国	社区公共服务（项目投入）	0.66	0.74	0.89	289

数据来源：西南财经大学中国家庭金融调查与研究中心"2015 年城乡社区治理调查"数据。

三 农村社区公共服务项目供给效率的比较

（一）第一阶段与第三阶段农村社区公共服务项目供给效率的比较

首先，将第一阶段与第三阶段农村社区公共服务项目中达到效率前沿面的社区进行比较（如表 6-13 所示），在第一阶段，能够达到效率前沿面的社区，即综合效率、纯技术效率、规模效

率都能达到1的社区覆盖18个省（区、市）37个社区，占到统计样本的12.80%；在第三阶段，能够达到效率前沿面的社区，覆盖20个省（区、市）46个社区，占统计样本的15.92%。相对于第一阶段DEA结果来说，最优效率社区增加了9个，提高了3.12个百分点。在控制了环境影响与随机误差的情况下，天津、河北、吉林、四川、云南这5个省（市）从原本无最优效率社区变为有最优效率社区，而河南、湖北、广西从拥有最优效率社区变为无最优效率社区。

表6–13　第一阶段与第三阶段农村社区公共服务项目效率比较

	未达到最优效率的社区所在省（区、市）	达到最优效率的社区所在省（区、市）
项目投入下的社区公共服务DEA效率分析结果（第一阶段）	北京、天津、河北、内蒙古、吉林、福建、江苏、四川、青海、云南	山西、辽宁、黑龙江、浙江、安徽、江西、山东、河南、湖北、湖南、广东、广西、海南、重庆、贵州、陕西、甘肃、宁夏
项目投入下的社区公共服务DEA效率分析结果（第三阶段）	北京、江苏、福建、河南、湖北、内蒙古、广西、青海	天津、河北、山西、辽宁、吉林、黑龙江、浙江、安徽、江西、山东、湖南、广东、海南、重庆、四川、贵州、云南、陕西、甘肃、宁夏

数据来源：西南财经大学中国家庭金融调查与研究中心"2015年城乡社区治理调查"数据。

其次，对第一阶段与第三阶段省（区、市）之间的农村社区公共服务项目的平均效率进行比较（如表6–14所示），发现在综合效率上，除了广东、黑龙江2个省在剔除了环境因素和随机误差后效率有所下降，辽宁、广西2省（区）没有变动外，其余的24个省（区、市）社区公共服务项目的综合效率都有所提高。其中，提高最快的3个省（区、市）分别是青海（0.46）、贵州（0.34）、天津（0.33）。在农村社区公共服务项目的纯技术效率上，除了浙江、黑龙江、广西有所下降，广东、海南没有任何变化外，其余23个省（区、市）都有所提高。其中提高最快的3个分别是青海（0.50）、甘肃（0.28）、宁夏（0.26）。在农村社区公共服务项目的规模效率上，河北、辽宁、江苏、浙江、广东、山西、安徽、重庆、甘肃这9个省（市）在剔除了环境因素和随机误差外效率有所下降，黑龙江没有任何变化，其余的18个省（区、市）都有所提高。其中，提高较多的前3位是天津（0.19）、山东（0.18）、青海（0.16）。

表6-14 第一阶段与第三阶段省（区、市）间农村社区公共服务项目效率比较

省（区、市）	综合效率平均值（第一阶段）	纯技术效率平均值（第一阶段）	规模效率平均值（第一阶段）	综合效率平均值（第三阶段）	纯技术效率平均值（第三阶段）	规模效率平均值（第三阶段）	社区数量（个）
北京	0.40	0.46	0.81	0.61	0.68	0.83	2
天津	0.55	0.69	0.79	0.88	0.90	0.98	2
河北	0.52	0.57	0.91	0.57	0.65	0.86	8
辽宁	0.61	0.66	0.90	0.61	0.68	0.88	7
江苏	0.39	0.42	0.90	0.48	0.53	0.89	13
浙江	0.36	0.75	0.93	0.60	0.66	0.89	16
福建	0.38	0.49	0.81	0.57	0.67	0.86	22
山东	0.61	0.72	0.77	0.69	0.73	0.95	12
广东	0.78	0.80	0.96	0.75	0.80	0.95	13
海南	0.53	0.67	0.83	0.57	0.67	0.85	8
山西	0.54	0.62	0.85	0.61	0.71	0.84	18
吉林	0.41	0.51	0.83	0.53	0.60	0.87	10
黑龙江	0.88	0.88	0.99	0.77	0.78	0.99	3
安徽	0.70	0.75	0.93	0.73	0.82	0.89	14
江西	0.54	0.66	0.80	0.63	0.73	0.86	12
河南	0.53	0.65	0.78	0.65	0.73	0.89	6
湖北	0.58	0.67	0.87	0.71	0.74	0.96	12
湖南	0.49	0.56	0.80	0.69	0.73	0.95	16

续表

省（区、市）	综合效率平均值（第一阶段）	纯技术效率平均值（第一阶段）	规模效率平均值（第一阶段）	综合效率平均值（第三阶段）	纯技术效率平均值（第三阶段）	规模效率平均值（第三阶段）	社区数量（个）
内蒙古	0.58	0.68	0.86	0.69	0.75	0.92	1
广西	0.78	0.82	0.94	0.78	0.80	0.98	4
重庆	0.33	0.46	0.82	0.49	0.69	0.73	15
四川	0.51	0.55	0.91	0.70	0.74	0.94	21
贵州	0.46	0.78	0.82	0.80	0.92	0.87	13
云南	0.46	0.56	0.82	0.65	0.73	0.86	16
陕西	0.58	0.70	0.82	0.83	0.90	0.93	7
甘肃	0.54	0.60	0.89	0.73	0.88	0.81	12
青海	0.24	0.36	0.66	0.70	0.86	0.82	2
宁夏	0.63	0.74	0.82	0.94	1	0.94	4

数据来源：西南财经大学中国家庭金融调查与研究中心"2015年城乡社区治理调查"数据。

最后，从地域上对农村社区两个阶段 DEA 效率结果进行比较。如表6-15所示，在农村社区公共服务项目的综合效率上，东部地区从第一阶段的0.49上升到第三阶段的0.61，中部地区从从第一阶段的0.56上升到第三阶段的0.66，西部地区从第一阶段的0.51上升到第三阶段的0.70，说明外在环境因素对东部、中部、西部地区农村社区公共服务项目的综合效率均有积极影响。其对东部地区和西部地区影响最大，若在相同的环境下，东部和西部地区的社区公共服务综合效率提升较大。

在农村社区公共服务项目的纯技术效率上，东部地区从第一阶段的0.59上升到第三阶段的0.68，中部地区从第一阶段的0.64上升到第三阶段的0.73，西部地区从第一阶段的0.60上升到第三阶段的0.80，说明外在环境因素对于东部、中部、西部地区农村社区公共服务项目的纯技术效率均有明显的积极影响。其中，西部地区农村社区公共服务项目的纯技术效率受影响较大。

第六章　农村社区公共服务项目的供给效率及影响因素

若在相同环境下，西部地区纯技术效率的提升明显；东部地区和中部地区有所提升，但是并不十分明显。

在农村社区公共服务项目的规模效率上，东部地区从第一阶段的 0.83 上升到第三阶段的 0.89，中部地区从第一阶段的 0.85 上升到第三阶段的 0.90，西部地区从第一阶段的 0.85 上升到第三阶段的 0.87，说明外在环境因素对于东部、中部、西部地区农村社区公共服务项目的规模效率均有影响。其中，东部地区的规模效率受影响较大。若在相同环境下，东部地区规模效率的上升相对明显。

全国 289 个农村样本社区，在农村社区公共服务项目的平均综合效率上，第三阶段相对于第一阶段提高了 0.14，达到 0.66；在农村社区公共服务项目的平均纯技术效率上，第三阶段相对于第一阶段提高了 0.13，达到 0.74；在农村社区公共服务项目的平均规模效率上，第三阶段相对于第一阶段提高了 0.05，达到 0.89，说明环境因素对全国农村社区公共服务项目的平均综合效率、纯技术效率、规模效率都有明显影响。在剔除了环境因素、随机误差后，整体的社区公共服务效率有所提升，但仍然不高，需要提高社区公共服务项目的管理效率以及扩大社区公共服务项目的规模。

表 6-15　第一阶段与第三阶段区域之间农村社区公共服务项目效率的比较

区域	综合效率平均值（第一阶段）	纯技术效率平均值（第一阶段）	规模效率平均值（第一阶段）	综合效率平均值（第三阶段）	纯技术效率平均值（第三阶段）	规模效率平均值（第三阶段）	社区数量（个）
东部地区	0.49	0.59	0.83	0.61	0.68	0.89	103
中部地区	0.56	0.64	0.85	0.66	0.73	0.90	91
西部地区	0.51	0.60	0.85	0.70	0.80	0.87	95
全国	0.52	0.61	0.84	0.66	0.74	0.89	289

数据来源：西南财经大学中国家庭金融调查与研究中心"2015 年城乡社区治理调查"数据。

（二）农村社区公共服务供给总效率与项目效率的比较

首先，对农村社区公共服务供给总效率与项目效率进行比较，如表 6-16 所示，项目投入下社区公共服务最优效率社区达到 46 个，覆盖 20 个省（区、市），而总投入下社区公共服务最优效率社区只有 20 个，覆盖 11 个省（区）。可见，项目投入下能够达到最优效率的社区数量明显增加，说明项目供给方式能提高农村社区公共服务的效率。

表 6-16 农村社区之间的社区公共服务总效率
与项目效率（第三阶段）的比较

单位：个

省（区、市）	最优效率社区（总投入）	最优效率社区（项目）
北京	0	0
天津	0	1
河北	0	1
辽宁	0	1
江苏	0	0
浙江	2	3
福建	1	0
山东	1	3
广东	5	3
海南	0	1
山西	0	3
吉林	0	1
黑龙江	1	1
安徽	1	2
江西	0	1
河南	0	0
湖北	0	0

续表

省（区、市）	最优效率社区（总投入）	最优效率社区（项目）
湖南	3	5
内蒙古	0	0
广西	0	0
重庆	1	1
四川	0	3
贵州	0	4
云南	3	3
陕西	0	2
甘肃	1	5
青海	0	0
宁夏	1	2
合计	20（522）	46（289）

数据来源：西南财经大学中国家庭金融调查与研究中心"2015年城乡社区治理调查"数据。

其次，比较省（区、市）之间农村社区公共服务总效率与项目效率（见表6-17），发现在综合效率上，项目投入下的社区公共服务效率较总投入下的社区公共服务效率提高最多的省（区、市）排在前三位的有天津（0.43）、青海（0.42）、宁夏（0.40），排在后三位的有福建（0.12）、吉林（0.09）、江苏（-0.03），说明除了江苏外，其余27个省（区、市）项目供给方式下的综合效率都有所提高；在纯技术效率上，项目投入下的社区公共服务效率提高的有9个省（区、市），分别是贵州（0.20）、青海（0.17）、宁夏（0.17）、甘肃（0.16）、陕西（0.13）、天津（0.05）、广西（0.03）、重庆（0.03）、内蒙古（0.02），而其余的19个省（区、市）在纯技术效率上都有所降低；在规模效率上，所有省（区、市）在项目投入下的效率都有所提高，其中提高最多的省（区、市）排在前三位的有山东（0.55）、天津（0.46）、青海（0.42），排在后三位的有贵州

(0.13)、甘肃 (0.12)、重庆 (0.03)。

表6-17 省（区、市）之间农村社区公共服务总效率与项目效率（第三阶段）的比较

省（区、市）	综合效率平均值（总投入第三阶段）	纯技术效率平均值（总投入第三阶段）	规模效率平均值（总投入第三阶段）	社区数量（总投入）（个）	综合效率平均值（项目第三阶段）	纯技术效率平均值（项目第三阶段）	规模效率平均值（项目第三阶段）	社区数量（项目）（个）
北京	0.43	0.85	0.50	4	0.61	0.68	0.83	2
天津	0.45	0.85	0.52	3	0.88	0.90	0.98	2
河北	0.41	0.79	0.53	20	0.57	0.65	0.86	8
辽宁	0.44	0.81	0.54	16	0.61	0.68	0.88	7
江苏	0.51	0.74	0.69	18	0.48	0.53	0.89	13
浙江	0.38	0.72	0.51	32	0.60	0.66	0.89	16
福建	0.45	0.80	0.56	31	0.57	0.67	0.86	22
山东	0.34	0.82	0.40	23	0.69	0.73	0.95	12
广东	0.60	0.86	0.69	32	0.75	0.80	0.95	13
海南	0.42	0.76	0.55	12	0.57	0.67	0.85	8
山西	0.38	0.77	0.51	32	0.61	0.71	0.84	18
吉林	0.44	0.72	0.61	23	0.53	0.60	0.87	10
黑龙江	0.54	0.81	0.64	14	0.77	0.78	0.99	3
安徽	0.59	0.84	0.70	24	0.73	0.82	0.89	14
江西	0.45	0.85	0.51	16	0.63	0.73	0.86	12
河南	0.48	0.85	0.55	19	0.65	0.73	0.89	6
湖北	0.48	0.79	0.61	22	0.71	0.74	0.96	12
湖南	0.44	0.74	0.57	25	0.69	0.73	0.95	16
内蒙古	0.43	0.73	0.59	9	0.69	0.75	0.92	1
广西	0.51	0.77	0.77	10	0.78	0.80	0.98	4
重庆	0.46	0.66	0.70	20	0.49	0.69	0.73	15
四川	0.41	0.76	0.53	27	0.70	0.74	0.94	21

续表

省 (区、市)	综合效率 平均值 (总投入 第三阶段)	纯技术效 率平均值 (总投入 第三阶段)	规模效率 平均值 (总投入 第三阶段)	社区数量 (总投入) (个)	综合效率 平均值 (项目第 三阶段)	纯技术效率 平均值 (项目第 三阶段)	规模效率 平均值 (项目第 三阶段)	社区数量 (项目) (个)
贵州	0.52	0.72	0.74	17	0.80	0.92	0.87	13
云南	0.52	0.74	0.68	23	0.65	0.73	0.86	16
陕西	0.50	0.77	0.77	16	0.83	0.90	0.93	7
甘肃	0.49	0.72	0.69	16	0.73	0.88	0.81	12
青海	0.28	0.69	0.40	11	0.70	0.86	0.82	2
宁夏	0.54	0.83	0.62	7	0.94	1	0.94	4

数据来源：西南财经大学中国家庭金融调查与研究中心"2015年城乡社区治理调查"数据。

最后，从地域层面对农村社区公共服务总效率（第三阶段）和项目效率（第三阶段）进行比较，如表6-18所示。从全国层面看，农村社区公共服务项目的综合效率从0.46提高到0.66，提高了0.30，规模效率从0.59提高到0.89，提高了0.30，纯技术效率从0.78下降到0.74，说明农村社区公共服务项目效率在综合效率和规模效率上比农村社区公共服务总效率高，特别是在规模效率上有着明显的优势，纯技术效率仍有很大的提升空间。再具体到东、中、西部地区。东部地区农村社区公共服务项目的综合效率从0.45提高到0.61，规模效率从0.56提高到0.89，但纯技术效率从0.80下降到0.68，说明东部地区农村社区公共服务项目在综合效率以及规模效率上有明显的优势，但是在纯技术效率上明显不足。中部地区农村社区公共服务项目的综合效率从0.47提高到0.66，规模效率从0.63提高到0.90，而纯技术效率从0.79下降到0.73。西部地区农村社区公共服务项目的综合效率从0.47提高到0.70，规模效率从0.57提高到0.87，纯技术效率从0.74提高到0.80，充分说明西部地区农村社区公共服务项目无论是在综合效率、纯技术效率，还是在规模效率上较东部地区、中部地区都有明显提升。

表 6-18 区域之间农村社区公共服务总效率
与项目效率（第三阶段）的比较

区域	综合效率平均值（总投入第三阶段）	纯技术效率平均值（总投入第三阶段）	规模效率平均值（总投入第三阶段）	社区数量（总投入）（个）	综合效率平均值（项目第三阶段）	纯技术效率平均值（项目第三阶段）	规模效率平均值（项目第三阶段）	社区数量（项目）（个）
东部地区	0.45	0.80	0.56	191	0.61	0.68	0.89	103
中部地区	0.47	0.79	0.63	175	0.66	0.73	0.90	91
西部地区	0.47	0.74	0.57	156	0.70	0.80	0.87	95
全国	0.46	0.78	0.59	522	0.66	0.74	0.89	289

数据来源：西南财经大学中国家庭金融调查与研究中心"2015年城乡社区治理调查"数据。

比较发现，农村社区公共服务项目效率无论是社区层面、省际层面，还是区域层面，大部分高于农村社区公共服务总效率，充分说明在农村社区公共服务供给中，项目方式较非项目方式效率更高。同时，在对农村社区公共服务总效率和项目效率的影响因素分析中发现，影响农村社区公共服务总效率的变量较多，包括社区经济发展水平、社区干部激励政策、地理位置、社区参与水平、社区精英水平、社区人口结构、社区城市化水平，影响农村社区公共服务项目效率的变量只有经济发展水平、干部激励政策、地理位置、社区参与水平。

第七章 结论、建议与展望

一 基本结论

(一) 城市社区公共服务供给效率分析的基本结论

1. 城市社区公共服务总体效率高于城市社区公共服务项目综合效率。

目前城市社区公共服务项目效率较低,项目供给方式并没有带来效率的提升。

项目供给方式较非项目供给方式具有时效性、目标性、权责明晰的优势,因而理论上有优化资源配置、提高效率的可能性。在关于项目的理论研究中,项目甚至被看作一种财政转移方式、一种国家治理模式,是用来解决基层政府悬浮问题的重要制度。尽管项目可能会因为运作过程或者是社会情境的变化产生一些意外的结果,但学术界基本认同项目确实对于提升效率具有正向的影响。

研究数据显示,无论是社区层面、省际层面、区域层面,城市社区公共服务项目综合效率都低于总体综合效率。这充分说明城市社区公共服务项目的效率较低,能够达到最优效率的社区的比例非常小，绝大部分社区公共服务项目资金与人员的投入并没有达到最优的要素组合，因而需要提升社区公共服务项目的经营管理水平、技术水平以及优化其规模。而传统的城市社区公共服务供给模式由于供给上相对较为成熟，资源配置与供给内容上较为标准化，其供给效率较项目效率高，但仍然有改进的空间。这无疑是在实证层面对项目制研究的推动，也提出了需要进一步关注的方向。项目供给方式没有带来城市社区公共服务效率的提升，可能与城市社区公共服务项目的规范性、公共服务项目的可行性、项目主体之间的利益分割、寻租问题、监管问题等密切相关。

2. 社区经济发展水平对城市社区公共服务总体效率以及城市社区公共服务项目效率都具有负效应。

关于社区公共服务效率与社区经济发展水平的关系，尽管不同的研究结论有分歧，但是普遍认为社区经济效率与社区经济发展水平之间密切相关。从数据分析来看，我国城市社区公共服务无论是总体效率还是项目效率都与社区经济发展水平呈负相关。这实际上与我们社区公共服务提供的质量和内容高度相关。

目前我国城市社区公共服务的供给内容较为有限，且在数量和质量上与社区居民的需求具有较大的差距。以社区教育公共服务为例，即便是发展较好的社区也仅仅能够提供市民课堂、社区老年学校等规范化的社区教育公共服务，对于妇女、儿童、青少年等群体的社区教育较为缺乏，因而难以满足所有社区居民的真实需求。而发展滞后的社区在社区教育公共服务方面更为落后，基本以应付式开展几次社区教育主题活动为主。因而当城市社区居民的可支配收入越高，其越愿意且更有能力选择质量更好的市场化服务，而不是社区公共服务。居民有能力去追求更好的市场化服务，会降低对社区公共服务的使用率，导致的结果是越是经济发展水平好的城市社区，社区公共服务资金效率越低。同时，我国城市社区公共服务人员的工资收入实际上偏低,甚至部分城市社区的公共服务人员工资是远远低于当地人均可支配收入的。这明显会使社区公共服务人员有相对剥夺感,制约其提高社区公共服务效率的积极性。因而,提升城市社区公共服务的质量、丰富城市社区公共服务的内容、适当提高城市社区公共服务人员的待遇有利于提高城市社区的公共服务效率。

3. 社区精英水平对于城市社区公共服务总体效率以及城市社区公共服务项目效率的影响差异性非常大。

社会资本理论认为社区精英是重要的社区社会资本,如果能够发挥社区精英在社区公共服务供给中的作用,对于提高社区公共服务效率具有正效应。但是本研究却发现社区精英并非一体,在供给能力以及监管能力上差异非常大。这对于社会资本理论而言是在实证上的进一步丰富。

社区精英实际上包括社区"两委"人员、社区党员和社区骨干分子等,而能对社区公共服务的供给产生重要影响的主要是社区"两委"人员和社区党员。本研究用社区"两委"人员大专及以上学历人数、社区党员人数以及大专及以上学历人数来代表社区精英的受教育水平以及规模,分析其对城市公共服务效率的影响。

近年来,为了提升基层社区治理能力,社区人才队伍建设成为能力提升的重点。而衡量社区人才能力主要依靠学历水平,假设前提是社区公共服务人员的学历水平越高,能力就越强,社区公共服务的效率就越高。然而,数据结果却显示城市社区"两委"人员中大专及以上学历的人越多,总体社区公共服务效率反而越低。这说明社区"两委"大专及以上学历的工作人员在提供社区公共服务上效率偏低。由于社区公共服务是实践性非常强的工作,城市社区"两委"中学历较高的大多是近年来新进的大学生,其服务的能力有可能低于学历水平较低但实践经验非常丰富的人员。但是社区"两委"大专及以上学历工作人员却对社区公共服务项目的资金效率具有积极影响，说明学历水平高的人数越多，越是关注社区公共服务项目资金的规范、民主和合理性使用。

社区党员人数以及社区党员大专及以上学历人数对于社区公共服务总体效率没有任何影响，但是却能影响社区公共服务项目效率。社区党员人数对于社区公共服务项目资金效率具有消极作用，而对社区公共服务项目人员的效率具有积极作用。这说明城市社区党员人数越多，对社区公共服务人员的监督作用越明显，越有利于提升社区公共服务人员的效率。但是，社区党员对社区项目资金进行监管并承担责任时，可能会因为格林尔曼效应以及信息不对称而导致项目资金效率低下。社区党员大专及以上学历人数对社区公共服务项目资金投入具有积极作用，而对社区公共服务人员投入具有消极作用。说明城市社区党员中学历水平越高的人，对社区公共服务项目资金的运作、使用规则越了解，相对于低学历水平的党员，更容易掌握项目资金信息，有利于项目资金的监管。

可以看出，社区精英水平对于社区公共服务总体效率并没有影响，但是对于项目效率的影响较为显著。高学历水平的党员、"两委"人员有利于提高项目资金的使用效率。党员人数对项目资金效率具有负效应，却对工作人员效率具有正效应。充分说明要提升社区公共服务项目效率，就不能简单地提高社区精英的学历水平，扩大精英规模，而是要提高社区精英在监督社区公共项目方面的积极性，使得权责对等，鼓励社区精英为社区公共服务项目的实施与运作建言献策，加大监管力度。可在社区公共服务项目评估中，将社区精英的满意度纳入其中。

4. 社区城市化水平对城市社区公共服务总体效率以及城市社区公共服务项目效率的影响差异性也很大。

社区非农业人口越多，说明社区城市化水平越高。社区城市化水平越高，社区居民对于社区公共服务的需求就会越发强烈，越是关注服务的效率。非农业人口越多，社区居民的监督意识以及表达需求的能力越强，能够提高社区公共服务供给的效率。数据分析结果表明城市社区的非农业人口越多，社区公共服务总体效率有所提高。

社区非农业人口数对于社区公共服务项目资金效率具有积极作用，对于社区公共服务人员效率具有消极作用。社区非农业人口越多，社区公共服务项目资金的效率越高。这可能是因为非农业人口越多，人口素质越高，对社区公共服务项目资金的使用关注越多。而社区非农业人口越多，社区公共服务项目人员的效率越低。

5. 社区干部激励政策对城市社区公共服务总体效率以及社区公共服务项目效率均具负效应。

委托－代理理论从激励的角度提出要提升社区公共服务效率，需要设置激励相容的激励机制以提升代理人的努力水平。由于经济激励的有限性，一些地区出台社区书记事业编制的政策来进行激励。以往的研究对编制激励的讨论并不充分，主要围绕着经济激励、政治激励和社会激励来进行研究。本研究结合中国社区现实，以委托－代理理论为理论支撑，探讨了编制激励对于社区公共服务效率的影响，无疑在实证层面推进了委托－代理理论的发展。

数据分析结果表明实行社区书记事业编制的城市社区比没有实行社区书记事业编制的城市社区，社区公共服务的总体效率与项目效率都较低。这可能是因为社区书记事业编制的政策属于"一刀切"的单项政策，即某行政区域的所有社区书记都实行事业编制，但是没有配套的晋升激励政策。社区书记事业编制属于"铁饭碗"，当所有社区书记都享受这项政策时，社区书记之间就会缺乏竞争的积极性。同时，由于无晋升的配套制度，当社区书记获得事业编制后，无法往上晋升，其他社区工作人员亦晋升无望，则容易降低工作的积极性。再具体到社区公共服务项目本身，由于项目的非持续性，社区工作人员难以通过一个项目或几个项目的实施而获得晋升。同时，年度项目的实施无疑会增加社区工作人员的工作量，导致社区工作人员在项目中互相推诿而效率低下。因而社区书记事业编制的激励政策需要更精确化，需要与社区公共服务的效率直接挂钩，避免"一刀切"，影响政策的效果。

6. 社区参与水平对于城市社区公共服务总体效率影响不显著，但是对城市社区公共服务项目效率影响非常大。其中，居民大会的参与水平与社区选举的参与水平对于项目效率的影响差异非常大。

新公共服务理论强调还权于民，还权于社区，主张社区居民对于社区公共服务的参与有利于更好地匹配供给与需求，有利于居民对社区公共服务供给的有效监督，对于提高社区公共服务效率具有重要的影响。本研究从新公共服务理论的角度，将社区参与水平作为重要的影响因素变量纳入模型进行分析，研究结论从参与角度进一步丰富了新公共服务理论的实证结果。

本次研究用社区召开居民大会的次数以及社区居民参与社区选举人数来代表社区参与水平。数据分析结果显示，社区召开居民大会的次数对社区公共服务项目资金、社区公共服务人员的效率均具有正效应。说明社区召开居民大会的次数越多，社区居民参与率越高，越能提高对项目资金、社区工作人员的监督，越有利于促进其效率的提升。

而社区居民参与社区选举人数对社区公共服务项目资金投入具有负效应。这与之前的假设不一致，社区居民参与社区选举人数越多，社区公共服务项目资金效率反而低，原因可能是"选民的无知"，即社区居民对社区公共服务项目的资金使用、运作、管理等情况并不是非常了解，也缺乏掌握信息的渠道，说明提升社区居民参与社区选举的质量比增加人数更为重要。而社区居民参与社区选举人数对社区公共服务人员投入具有正效应，说明参与社区选举的社区居民越多，对社区工作人员的监督也就越强，其服务效率也就越高。同样说明社区居民对于社区公共服务人员的监管较对于项目的监管更为有效一些。

（二）农村社区公共服务供给效率分析的基本结论

1. 农村社区公共服务项目效率高于农村社区公共服务总体效率，说明项目供给方式能提升农村社区公共服务效率。

在社区层面、省际层面、区域层面，农村社区公共服务项目综合效率、纯技术效率、规模效率都比总体效率高，说明项目化的供给方式有利于提高农村社区公共服务效率。天津、河北、辽宁、海南、山西、吉林、江西、四川、贵州、陕西这10个省（市）没有农村社区公共服务总体效率最优社区，但却有项目效率最优社区。特别是天津、青海、宁夏这3个省（区、市），在综合效率上，其农村社区公共服务项目效率远远高于其总体效率。从全国农村社区公共服务平均效率来看，项目的综合效率高于总体的综合效率，而综合效率的提高主要是由规模效率带来的，也就是说项目供给方式能够提升规模效率。尽管目前农村社区项目化供给效率已经超过总体效率，但是仍然需要进一步提升，特别是纯技术效率。可见，农村的项目化供给方式明显能提高社区公共服务效率，优于城市社区，项目的时效性、目标性、权责明晰等优势在农村社区公共服务中发挥明显。

2. 社区经济发展水平对农村社区公共服务总体效率具有负效应，但对农村社区公共服务的项目资金效率具有正效应。

与城市社区一样，目前农村社区公共服务的种类和质量都难以满足居民日益增长的需求。农村社区人均可支配收入越高，农村社区居民越有能力选择市场化的产品，降低农村社区公共服务产品的使用率，不利于总体性效率的提高。

但在社区公共服务项目效率上，农村社区与城市社区不一致，人均可支配收入对于社区公共服务的项目资金效率具有正效应。人均可支配收入高的农村社区，其经济发展较好，特别是集体经济发展较好，因而会有更多的项目资金投入农村社区公共服务中。这显然与以政府投入为主的城市社区有明显区别。在经济发展较好的农村社区，社会性的资金投入较多，而这些资金大部分来自集体性收入，因而农村社区居民对这部分资金的使用特别关注。相对于人均收入较低的社区来说，其在项目管理水平上更高，运作经验上更为丰富。同时，项目化的供给方式较传统供给方式更容易监管，目标性也更强，从而提高了项目资金的使用效率。

3. 社区精英水平对农村社区公共服务总体效率有影响，而对农村社区公共服务项目效率没有影响。

农村社区的社区精英水平完全对社区公共服务项目效率没有影响，这与城市社区的差异非常大。而其在对社区公共服务的总体效率上也与城市社区具有一定的差异。

与城市社区不一致，农村社区"两委"高学历人数越多，农村社区公共服务的总体效率就越高，说明农村"两委"工作人员较高的学历水平能够提高服务水平。

城市社区的党员人数对社区公共服务总体效率没有影响，但是农村社区的党员人数对社区公共服务总体效率具有负效应。原因可能是格林尔曼效应带来的，即人数越多，反而出力的人数越少。这说明在农村社区公共服务中应更进一步明晰每位党员的责任，使其能够更有效地发挥作用，促进社区公共服务效率的提高。

城市社区的党员大专及以上学历人数对社区公共服务总体效率没有影响，但是农村社区的党员大专及以上学历人数不利于社区公共服务资金效率的提高，有利于社区公共服务人员效率的提高。

4.社区城市化水平对农村社区公共服务总体效率具有正效应，而对农村社区公共服务项目效率没有影响。

与城市社区一致，社区城市化水平越高，农村社区公共服务总体效率越高。而与城市社区不一致的是社区城市化水平对社区公共服务项目效率没有任何影响。这说明非农业人口越多，农村社区居民对于社区公共服务越是关注，表达需求以及监督的能力越高，越是能促进社区公共服务效率的提升。然而，非农业居民的增多对于社区公共服务项目的效率却没有任何影响，说明非农业居民并没有对社区公共服务项目特别关注。

5.社区干部激励政策对于农村社区公共服务的总体资金投入效率具有负效应，对于农村社区工作人员效率具有正效应。而对于社区公共服务项目资金投入效率具有正效应，对社区工作人员投入效率具有负效应。

数据分析结果表明实行社区书记事业编制的社区，其总体资金的效率反而更低，说明当社区书记拥有了事业单位编制后，事业编制容易演化为"铁饭碗"，丧失激励效果，不利于资金效率的提高。而社区书记事业编制对社区公共服务人员效率具有正效应，说明社区工作人员希望通过提高效率水平获得编制，有利于提高社区公共服务人员的积极性。

实行社区书记事业编制的社区，其项目资金效率较没有实行社区书记事业编制的社区更高，但人员效率更低。由于项目本身的时效性特征，这要求社区需要在限定的时间内完成项目计划。社区书记作为负责人，项目运行的成功与否与其职位密切相关。事业编制的体制内特征带有明显的激励效应，因而会提高社区公共服务项目投入的效率。而由于项目的非持续性，社区工作人员（除社区书记）难以通过一个项目或几个项目的实施而获得晋升。

同时，年度项目的实施无疑会增加社区工作人员的工作量，导致社区工作人员在项目中互相推诿，从而导致效率低下。

6. 社区参与水平对社区公共服务总体效率以及项目效率的影响差异较大。其中，社区召开居民大会的次数对于总体社区公共服务投入效率有正效应，对总体工作人员投入效率具有负效应；对于社区公共服务项目投入效率有负效应，项目人员投入效率具有正效应。社区居民参与社区选举的人数对于社区总体公共服务效率具有负效应，而对社区公共服务项目效率没有影响。

社区召开居民大会的次数越多，社区居民越有机会去了解社区公共服务的资金的收支情况，能够更有效地对资金进行监督，有利于提高资金的使用效率。但是居民大会的召开次数越多，社区公共服务人员会将很多精力投入召开居民大会等居民自治上，而不是放在提供社区公共服务上，会导致在社区工作人员投入上的效率降低。实际上，社区居委会在实践中承担了社区行政性公共服务以及社区自治性服务，但是对于行政性公共服务的偏重，导致了行政化和内卷化的问题。卢爱国、曾凡丽提出社区居委会要走出行政化困境，提高社区公共服务的效率，必须实行社区公共服务分类治理，明确界分政府组织、社区组织和非营利组织之间的功能边界。①

数据结果显示召开居民大会的次数越多，社区公共服务项目资金的效率反而越低。这与假设完全不一致。目前农村的公共服务项目资金较为多元，且不同项目的财务使用规定不同，缺乏财务知识、项目信息的居民是很难进行有效监管的。社区居民对于传统的社区公共服务更为熟悉和了解，更易进行监督，因而会更关注传统的社区公共服务，在精力和关注有限的情况下而忽视社区公共服务项目。这也能部分解释为什么社区召开居民大会的次

---

① 卢爱国、曾凡丽：《社区公共事务的分类与治理机制》，《城市问题》2009年第11期。

数越多，社区公共服务整体效率提升但是项目效率下降。尽管难以对社区公共服务的项目资金进行监管，但是社区居民对于项目工作人员的态度、服务效率等方面有着自身的感知和体会，居民大会召开的次数越多，越容易对项目工作人员进行监督，促使工作人员提升效率。

社区居民参与社区选举的人数越多，社区公共服务的总体效率反而下降，这可能是"选民无知"带来的消极效应。

7. 地理位置对于社区公共服务经费总体投入、项目投入均具有负效应，对工作人员总体投入与项目投入均具有正效应。

农村社区离所在县城的距离越远，交通等基础条件就越差，社区居民居住越分散，要提供社区公共服务所耗费的成本就越高，因而在资金使用效率上偏低。而在同一行政区域，社区公共服务人员的配备通常参照户籍人数标准来确定，离所在县城越远的社区，由于社区户籍人口少，相应配备的社区公共服务人员就少。但是对于某些社区公共服务的供给，与人数多少没有关系，都要求进行供给。因而，离所在县城越远的社区，公共服务人员的效率反而比离所在县城近的社区高。

二 政策建议

（一）提升城市社区公共服务供给效率的政策建议

1. 城市社区公共服务应着力优化"项目"供给方式，从供需关系、项目规范与管理、评估监督等方面着手全面提升城市社区公共服务"项目"的供给效率。

关于项目的理论研究为本研究研究城乡社区公共服务项目效率及影响因素提供了理论支撑，而本研究的研究结论是从实证层面对项目理论研究的进一步丰富和发展。

我国城市社区公共服务项目资金占比逐步增加，在资金量上甚至与传统的社区公共事务经费持平，且有继续增长的趋势。然而，我国城市社区公共服务项目效率明显低于总体效率。这说明目前城市社区公共服务项目并没有达到帕累托最优。要提升城市社区公共服务的供给效率，需要对项目供给方式进行优化。

项目要求在规定的时间、资源下，按照项目的规范和标准完成项目目标，其目标性、时效性、规范性、技术性特点较非项目具有明显优势，有利于社区公共服务效率的提高。然而，项目的供需匹配、项目本身的非持续性、项目的管理水平、剩余索取权的分配、监管的有效性都会对其产生影响。因而，优化城市社区公共服务项目供给方式，推进城市社区公共服务项目效率的提升，需要从需求分析、项目管理、居民参与、社会监督、奖惩制度等角度入手。具体来说，城市社区公共服务项目应契合社区居民实际需求，应在广泛调研的基础上进行，做好社区公共服务项目的规划和管理，摒弃政府管理部门主观设置项目的做法；制定科学合理的评价指标，加强项目的绩效管理；建立完善的项目管理制度，本着控制规模、节约成本、回应居民需求的原则来提升项目的管理水平和技术水平；按照成本与收益对等原则，合理分配剩余索取权，促进社区公共服务项目主体以项目为纽带展开积极合作，减少"搭便车"行为；建立项目信息的公开机制，保障社区居民合法的知情权和监督权，加强社区公共服务的社会监督，将社区居民的满意度纳入主要的评价指标；建立严格合理的项目评估制度，在严格、规范评估的基础上，建立奖惩机制；对于政府购买的项目，应统一建立政府购买社区公共服务的平台，将所有政府部门涉及的相关购买业务都纳入平台统一管理，规范采购制度，完善合同管理，并进行科学的绩效评估，打破部门选择性购买的倾向性，严格规范项目资金的使用，规范购买流程；建立责任追究制度，提高政府合同管理能力。

2. 积极提升城市社区公共服务的质量，丰富社区公共服务的内容，满足社区居民日益增长的物质文化需要。

新公共管理理论从提升效率的角度出发，运用市场机制来降低成本，高效回应居民需求，主张政府应更好地提高合同监管的能力。本研究发现，目前社区公共服务的质量有待提高、内容有待完善，政府购买服务项目的承接方社会组织还非常弱小。新公共管理理论为更有效地提高社区公共服务效率提供了有益的思路和指导。

目前我国城市社区公共服务尽管相对于农村社区公共服务在种类上有所增加，在质量上有所提升，但是仍然面临种类单一、标准不一、质量参差不齐等问题，无法满足城市社区居民日益增长的需要，进而导致使用效率低，无法达到资源的优化配置。因而，在兼顾经济效益与社会效益的前提下，着力提高社区公共服务的质量、丰富社区公共服务的内容成为解决城市社区公共服务效率低下的重要环节。具体做法：在现有财政投入下，应充分结合社区居民实际需求，在政府的主导下，制定统一的规范性、合理性的社区公共服务质量标准及其政府购买社区公共服务标准；要求各城市社区公共服务供给主体严格执行质量标准，确保社区公共服务质量；同时，制定科学合理的绩效考核标准，通过以评促建的方式提高各主体的公共服务能力，提升城市社区居民的满意度；积极培育和发展社区公共服务社会组织，在政府供给的基础上，拓展社区公共服务内容和种类，丰富城市社区居民生活。

3. 积极发挥社区精英在社区公共服务供给中的作用，做好社区公共服务人才发展规划，全力提高人才素质，建立健全社区公共服务人才的培养、评价、使用机制，完善人才激励机制，促使社区公共服务人才能够"请得来，留得住，用得好"。

社区精英是指在社区中拥有较高政治、经济、社会地位，能够积极参与社区公共事务的人，其服务能力与水平对于培育社区居民的参与意识、促进社区有效治理、提升社区公共服务的效率密切相关。因而需要积极发挥社区精英的作用，需要明晰其在社区公共服务中的作用，提升其服务的能力和水平。城市社区党员是社区公共服务供给、监督的重要主体，社区党员是否能够有效发挥作用，关系到社区公共服务的效率。目前，社区党员双报到制度从制度层面解决了社区党员的社区归属感问题，具体做法：应充分发挥社区党员的模范带头作用，增强其服务社区居民的责任意识；积极搭建社区党员参与社区公共服务的平台，保障社区党员对社区公共服务进行依法监督的权利；提高社区党员的素质，通过培训学习、宣传教育、表彰激励等方式提高社区党员对于社区公共服务的参与能力、决策能力、监督能力，使社区党员能够在社区公共服务中切实发挥作用，践行为人民服务的宗旨；积极提高社区干部的能力和水平，通过公开招聘、民主选拔将专业能力强、实践能力强、教育水平高的优秀人才吸纳进社区党员队伍中；建立与完善社区干部的教育培训制度，加强社区干部之间的交流学习，提高专业化的服务能力和技能，使社区干部能够有效提供服务和监督服务；增强社区干部的责任意识，落实工作责任机制，使社区干部的考评、晋升与社区公共服务的效率直接挂钩。同时，应积极做好人才的发展规划，健全人才的培养、评价和激励机制。

4. 处理好基层政府与社区居委会的委托－代理关系，按照社区公共服务类型设置激励相容的激励制度来提升社区居委会供给社区公共服务的效率。

社区公共服务类型多样，社区居委会面对不同类型的社区公共服务，应采取不同的努力水平。例如，社区居委会面对容易度量的行政性社区公共服务以及难以度量的社会性社区公共服务时，更愿意将精力放在容易度量的任务上，而忽略难以度量的任务。如果基层政府对于行政性社区公共服务的激励强度较社会性

第七章 结论、建议与展望

公共服务大，会导致社区居委会对社会性社区公共服务的忽略。如果仅仅是提升对社会性社会公共服务的激励强度，在政府监管乏力或者是监管成本过高的前提下，容易导致效率损失。目前较为可行的方式是基层政府将社会性社区公共服务委托给社区居委会，将行政性社区公共服务委托给社区公共服务站，建立起单一的委托－代理关系。但是在实践中遭到社区居委会的抵制，例如成都市青羊区从2006年开始在社区建立社区公共事务所，以承接政府委托的行政性社区公共服务，但是效果并不理想。一方面，社区居委会与社区公共事务所基于权利、利益关系竞争而导致效率损失；另一方面，基层政府实际上对于社区居委会和社区公共事务所的监管不够而导致效率损失。而成都市武侯区从2013年开始实施的"政务服务社会组织化"改革在部分社区实施后效果非常显著。以武侯区簧门社区为例，玉林街道办事处将139项行政性社区公共服务以购买服务的方式外包给社会组织，而社区居委会不再负责行政性社区公共服务，但是要负责对承担行政性社区公共服务的社会组织进行监管、协助和支持。玉林街道办事处对于社区居委会的考核仍然涵盖社会性社区公共服务和行政性社区公共服务两类任务，但是降低了行政性社区公共服务的强度，提高了社会性社区公共服务的强度。只要居委会对承接行政性社区公共服务的社会组织付出的监管成本低于监管的收益，社区居委会就有积极性进行监管，使得行政性社区公共服务能够保质保量完成。同时，基层政府可以将社区自身的绝对业绩评价方式和横向社区之间的相对业绩评价方式结合起来使用，提高不同资源禀赋社区参与竞争的积极性，特别是激励资源禀赋较差的社区参与到社区公共服务供给效率的竞争中，从而提高基层政府供给社区公共服务的效率。

5. 构建完善的社区公共服务市场，提升社会组织供给水平。

要提高社区公共服务市场的竞争性，不仅要降低社会社组织对于政府的依赖程度，使社区社会组织具有自身的独立性和自主性，而且要规避政府部门之间发展社区社会组织的选择性行为以及对于社会组织的市场竞争设置障碍。

一方面，通过统一建立政府购买社区公共服务的平台，将所有政府部门涉及的相关购买业务都纳入平台统一管理，规范采购制度，完善合同管理，并进行科学的绩效评估，打破部门选择性购买的倾向性。具体来说，政府根据社会需求以及财政情况，制定购买社区公共服务的规划，包括购买内容、数量、质量等方面。所有涉及社区公共服务的购买项目都纳入政府购买社区公共服务平台统一管理，进行公开的招标，而非以部门为单位进行购买。鼓励社会组织跨行政区域进行竞争，严格按照公开、公平原则选择社会组织。中标的社会组织应严格按照合同约定进行社区公共服务的提供，而政府内部购买服务的具体部门对社会组织的执行情况进行监督和管理。另一方面，社会组织应加强能力建设，完善现代化的组织管理制度，拓展筹资渠道和提升专业化服务能力，逐步摆脱对政府的依赖，增强独立性和自主性。只有建构起完善的社区公共服务市场，才能充分发挥市场机制的作用，提高社区公共服务的供给效率。

6. 加强城市社区共同体建设，鼓励社区居民参与到社区公共服务的需求表达、生产、分配和监督环节。

社会资本理论强调社区居民之间的互动所生成的信任、互惠等资本，以有助于社区公共服务的有效供给。新公共服务理论强调社区居民的参与性以及社区共同意识的培育，以促进社区公共服务的效率的提高。这无疑为本研究构建社区共同体，强化居民参与意识的建议提供了强有力的理论支持。

诺斯认为大集团内部成员由于长期博弈关系而形成的信誉、组织文化、归属感等隐性激励制度，可以降低组织间的交易成本，有利于集体行动的达成。[①] 社区生活共同体是指在一定的地域范围内，建立在人们长期互动中所形成的社会有机体，相当于诺斯所说的大集团。在这个有机体中，群体成员所形成的合作文化和互惠制度能降低合作成本。我国城市社区是建立在行政区划基础上的社区形态，而非滕尼斯笔下的"社会共同体"，社区居民缺乏对社区的认同感和归属感。要促进城市社区公共服务效率的提升，需要社区居民的参与，包括真实需求表达、社区公共服务的生产分配、监督等。因而，打造城市社区公共文化，凝聚社区共识，鼓励社区居民对公共事务的参与，推动社区共同体的实现对于提升社区公共服务的效率非常必要。[②]

社区参与是提升社区公共服务效率的重要方式，是在共享的社区公共价值观和社区制度约束下个人行为的集体选择过程，这个过程包括参与社区公共服务的需求表达、生产分配和监督。杨敏认为社区参与最重要的两个因素是参与的公共议题性以及是否参与决策过程。[③] 特别是是否参与决策过程是衡量参与真实性的可靠指标。只有社区公共服务和社区居民的利益关系强烈，才能形成参与的动力。居民在参与社区公共服务供给中，可以预期获得物质上、精神上的收益，同时又能在长期持续的博弈中形成共同的利益，这样才能提升社区居民参与的积极性。除了利益关联之外，还需要加深社区居民对社区的认同。社区认同程度的高低与社区居民自愿合作的行为高度相关。对社区认同程度越高，社区居民越是感到合作带给自身的价值感越强，越少考虑经济利益，更倾向于合作。利益因素和社区认同因素成为社区居民参与

[①] 〔美〕道格拉斯·C.诺斯：《制度、制度变迁与经济绩效》，刘守英译，上海三联书店，1994，第 25~36 页。

[②] 张红霞：《不同居住区居民社区参与的差异性比较——对上海两个社区居民参与情况的调查》，《社会》2004 年第 5 期。

[③] 杨敏：《作为国家治理单元的社区——对城市社区建设运动过程中居民社区参与和社区认知的个案研究》，《社会学研究》2007 年第 4 期。

动力的影响因素。

因而，要提高社区公共服务效率，鼓励社区居民参与到社区公共服务中，就需要着重培养社区居民的参与意识，保障社区居民的参与权利，拓展社区居民的参与渠道和参与空间，使居民能够真正地表达真实需求，参与到社区公共服务的决策环节，并能进行有效监督。只有这样，才能够提升社区的凝聚力和居民的社区认同感，促进社区公共服务效率的提升。

7. 整合城市社区公共服务资源，推动社区公共服务的多元主体参与，完善社区公共服务供给机制。

多中心理论认为政府、市场、社区这三种供给机制具有不同的优势，因而主张三者相互配合，发展各自优势。目前城市社区公共服务资源整合力度不够，供给主体较为单一，无法实现资源的优化配置。因而拓展城市社区公共服务的资源渠道，合理整合资源，促进供给主体多元化参与，完善供给机制显得十分必要。

社区公共服务供给机制是指多元供给主体在不同的供给责任下通过不同的供给方式进行社区公共服务供给的制度安排。这一套制度是否能有效运行，关系着社区公共服务绩效能否有效提升。由于社区公共服务的公共性特征，世界上绝大多数政府承担着社区公共服务供给的主要责任。政府通过税收机制进行资源的再配置来实现社区公共服务的效率和公平。然而社区公共服务的需求显示问题、公共选择程序与规则问题、政府自身的垄断问题、监管问题长期困扰着政府，加之政府单一化的供给机制，导致政府难以达成帕累托最优。因而，政府开始借鉴公共管理运动的经验，将社区公共服务推向市场，依托市场化的运作机制来打破政府垄断，实现效率的提升。然而，政府在合同管理、服务监管和服务评估上缺乏专业性，缺乏管理经验和人员，对于社区公共服务难以有效评估和监管，再加上社区公共服务市场的发育不完善和不均衡导致缺乏充足的竞争，这些都导致政府购买社区公共服务的效果并不理想。将关注点转移到社区本身，社区内部的自愿供给机制借助于荣誉、文化、信任等因素，使得集体行动能够顺利达成，在需求显示、社区选择等方面具有明显的优势。但是随着社区异质性的增强、社区共同体解体，惩罚和激励机制缺失，社区自愿供给机制也面临诸多困难。因而，应加强政府供给、市场供给、社区供给不同机制之间的协作，使它们充分发挥各自优势，促进社区公共服务资源要素的优化配置。

（二）提升农村社区公共服务供给效率的对策建议

1. 继续深化农村社区公共服务"项目"供给方式改革，发挥项目资源整合优势，提高农村社区公共服务效率。

农村社区公共服务项目效率明显高于农村社区公共服务总体效率，说明农村社区项目化的供给方式能够提升社区公共服务效率。但是目前农村社区公共服务项目仍存在居民参与不足、信息公开不够等问题。本研究认为农村社区公共服务项目应按"一事一议"原则进行，尽量切合农村居民的真实需要，加大对项目的可行性、科学性、效率性等方面的论证力度，将有限的资源投入农村居民最需要的公共服务项目中。规范化项目资金的管理，通过多种方式和途径做到项目资金财务公开，使社区居民能够完全对项目资金的使用情况进行监督，增强项目资金使用的透明度和有效性。应加强农村社区公共服务项目资金的整合和管理。农村公共服务项目资金的来源较广，因而应加强不同部门、不同项目的资金整合力度，提高项目资金的使用效率。应积极发挥项目的资源集聚和配置资源优势，在项目初始，就项目主体的权责关系进行明确的约定，且将权责与项目剩余挂钩。应使每一个项目主体能够共享项目剩余索取权，且付出的成本与项目的收益对等。各主体以项目为基础结成利益同盟，只有最大化项目收益，才能最大化各自的收益。主体之间在供给社区公共服务上具有各自的比较优势，在项目执行中，各主体结成目标一致的利益共同体，为了最大化项目收益，各主体围绕着项目目标，整合各自的资源，利用比较优势相互协作，不仅能够突破各种限制，而且能够促进资源的合理配置，降低生产成本。同时，为了避免项目执行过程中的偏差，项目各主体之间相互监督，以减少信息不对称带来的效率损失。

2. 完善农村社区公共服务的筹资机制，不仅要靠政府加大财政的投入力度，而且要靠社区自身的社会化筹资能力。

我国农村社区公共服务从总体投入上讲，与城市社区差异较大，农村社区公共服务不足的问题严重制约农村经济发展和社会稳定。因而，多元化农村社区公共服务的筹资渠道显得十分必要。首先，加大政府对农村社区公共服务的财政投入力度，通过科学的转移支付方式、规范的专项拨款制度，完善财政机制建设，逐步缩小农村社区与城市社区的发展差距，努力实现城乡社区公共服务均等化。其次，应积极发展农村经济，特别是农村集体经济，利用集体经济的公共性优势，为农村社区公共服务提供相应的资金支持和保障。再次，积极推动小城镇的发展，发挥小城镇对农村社区公共服务的辐射作用，增加农村社区公共服务的内容，提高农村社区公共服务的质量。最后，通过金融政策优惠引导企业投资，通过社会慈善倡导方式鼓励社会捐赠等方式能有效筹集农村社区公共服务资金，弥补财政投资的不足。

3. 发挥农村社区"共同体"优势，发扬互助文化优良传统，推动农村社区公共服务自愿供给机制作用的发挥。同时，建立健全农村社区治理机制建设，从制度层面保障农村社区居民的参与权利，积极拓展农村社区居民参与渠道。

我国农村社区较城市社区的重要优势在于农村社区是一个天然的"社会共同体"。这是社区居民长期互动形成的关系紧密、互助互惠的社会群体，遵从互动中所形成的特有的文化、制度和规范。因而，要提升农村社区公共服务效率，应尽量借助于共同体的优势，提高农村社区居民对公共服务的参与积极性。但是目前农村社区居民在社区参与中呈现出的参与率低、参与渠道不通畅、参与主体有限、参与方式被动、参与层次与结构不平衡等问题严重困扰并制约共同体优势的发挥。因而，应建立和完善农村社区治理机制，搭建农村社区居民表达公共服务需求的平台，疏通表达渠道，从制度上保证居民的参与权、分配权和决策权。同时，发挥农村互帮互助的优良文化传统，发挥村规民约在农村社区居民自我管理、自我服务方面的作用，凝聚文化认同，减少社区公共服务实施中的政策抵触，提高农村社区公共服务效率。

4. 引导和推动农村社区公共服务社会组织建设，提升其社区公共服务的供给水平和供给能力。

目前我国农村社区的供给主体较城市社区更为单一，农村社区公共服务社会组织面临内部和外部的压力，发展非常有限，严重制约农村社区公共服务供给效率的提升。民政部在《关于大力培育发展社区社会组织的意见》（民发〔2017〕191号）中提出，到2020年，农村社区平均至少有5个社区社会组织[①]，充分说明发展农村社区社会组织的重要性。农村社区社会组织不仅是多元化农村社区公共服务内容的重要载体，也是表达利益和进行决策的重要组织形式，是自下而上反映民情和自上而下传达党和政府方针政策的重要渠道，是政府与农村居民的重要联系纽带。因而政府应完善农村社区社会组织的法制保障，积极出台鼓励和发展农村社区社会组织的政策，从政策、资金、税收优惠、组织管理等方面进行支持、发展、规范和管理。同时，农村社区社会组织也应积极完善组织管理，建立信息披露和监督约束机制，建立良

---

① 《民政部关于大力培育发展社区社会组织的意见》，http://www.mca.gov.cn/article/gk/wj/201801/20180115007214.shtml，最后访问日期：2020年6月20日。

好的公信力；应加强对社会组织人才的培养，提高农村社区社会组织的项目开发能力、设计能力和执行能力，增加农村社区公共服务的内容，提高农村社区公共服务的质量。

5. 改革和完善农村社区干部的考评和激励机制，对于农村社区干部的考核应充分考虑社区的特点，将横向评价与纵向评价相结合。

目前，农村社区干部的考评和激励机制难以激发其积极性，影响农村社区公共服务效率的提升。应着重打造社区干部的晋升体系，打通社区书记晋升的渠道，提高社区干部的服务积极性。对社区干部的考核评价，应采取合理、科学的方式进行，紧紧围绕着提升社区公共服务的效率入手，将横向评价与纵向评价相结合，向资源禀赋较差的社区进行适当倾斜。将社区公共服务项目的效率与社区干部编制进行直接挂钩，对于具有外溢性的社区公共服务，采用项目方式，在明确社区之间权责的情况下，按照成本与收益对等的原则规定好剩余权的分配。从财政上规范和保障农村社区干部的合理待遇，实行绩效工资，建立农村社区干部工资稳定增长的激励机制。

三 研究展望

社区公共服务供给效率议题是关系公共资源是否得到有效配置、社区居民需求是否得到满足、城乡社区治理是否有效的重要问题。本研究尽管从经济效率的角度对城乡社区公共服务进行了实证研究，但是仍然具有一定的局限性。社区公共服务效率问题较为复杂，需要学者从多个学科、多个研究视角出发，运用多种研究方法展开，才能真正认识社区公共服务供给效率问题。

1. 理论构建方面

关于社区公共服务效率的理论研究尽管已经积累了一定的研

究成果，但是缺乏统一的理论支撑体系。该领域牵涉到经济学、社会学、管理学等多学科，由于缺乏有效的理论框架，研究呈现碎片化、不系统，甚至存在研究结论自相矛盾的问题。国外社区公共服务效率相关理论对于我们的研究具有积极的借鉴意义，但是由于中国社区的复杂性和中国社会情境的特殊性，理论框架上也需要结合中国现实进行本土化再建构。所以，如何整合社区公共服务效率的相关理论，结合中国现实社会情境，构建出适合研究中国社区公共服务效率的理论框架成为未来的重要方向。

2. 研究方法方面

关于社区公共服务效率的研究方法较为多样，国内研究者大多利用全国抽样调查数据或是统计数据进行量化分析。然而，量化研究具有一定的局限性，需要通过深入访谈、参与观察等方法来弥补抽样调查数据的不足。将定量研究方法和定性研究方法有效结合，能更准确地把握社区公共服务效率问题。同时，目前对于社区公共服务效率的空间效应研究涉及还较少，还需要引入空间计量分析技术，加强空间对于社区公共服务效率影响的研究。

3. 研究应用方面

关于社区公共服务效率的研究还需要深入推进，应该将公众的满意度纳入评价指标中，从社会效率的角度进行丰富和完善，以便使研究成果能够更好地服务于居民。同时，对于社区公共服务效率整体的研究结果仅仅只能从宏观上提供政策建议与思考的不足，只能针对某一类型的社区公共服务的效率进行研究的不足，还需要深入实际，进行更为细致的研究，只有这样才能更有效地推动研究的应用。

参考文献

1. 专著

马骏、叶娟丽:《西方公共行政学理论前沿》,中国社会科学出版社,2004。

戚安邦主编《项目管理学》,南开大学出版社,2003。

王雪云、高芙蓉主编《政府购买公共服务研究》,经济科学出版社,2016。

夏建中、〔美〕特里·N. 克拉克等:《社区社会组织发展模式研究——中国与全球经验分析》,中国社会出版社,2011。

杨团:《社区公共服务论析》,华夏出版社,2002。

俞可平主编《治理与善治》,社会科学文献出版社,2000。

张国庆主编《行政管理学概论》(第二版),北京大学出版社,2000。

包亚明主编《文化资本与社会炼金术——布尔迪厄访谈录》,包亚明译,上海人民出版社,1997。

〔美〕肯尼思·阿罗:《社会选择与个人价值》,陈志武、崔之元译,四川人民出版社,1987。

〔美〕曼瑟尔·奥尔森:《集体行动的逻辑》,陈郁、郭宇峰、李崇新译,格致出版社、上海三联书店、上海人民出版社,2014。

〔美〕戴维·奥斯本、特德·盖布勒:《改革政府:企业精神如何改革着公营部门》,上海市政协编译组、东方编译所编译,上海译文出版社，1996。

〔美〕埃莉诺·奥斯特罗姆、帕克斯、惠特克：《公共服务的制度建构——都市警察服务的制度结构》，宋全喜、任睿译，上海三联书店，2000。

〔美〕詹姆斯·M. 布坎南、戈登·图洛克：《同意的计算——立宪民主的逻辑基础》，陈光金译，世纪出版集团、上海人民出版社，2014。

〔美〕詹姆斯·M. 布坎南：《公共物品的需求与供给》，马珺译，世纪出版集团、上海人民出版社，2009。

〔美〕弗尔德瓦里：《公共物品与私人社区》，郑秉文译，经济管理出版社，2011。

〔美〕豪伊：《边际效用学派的兴起》，晏智杰译，中国社会科学出版社，1999。

〔美〕拉塞尔·M. 林登：《无缝隙政府——公共部门再造指南》，汪大海、吴群芳等译，中国人民大学出版社，2014。

〔美〕理查德·A. 马斯格雷夫：《比较财政分析》，董勤发译，上海三联书店、上海人民出版社，1996。

〔美〕尼斯坎南：《官僚制与公共经济学》，王浦劬等译，中国青年出版社，2004。

〔美〕道格拉斯·C. 诺斯：《制度、制度变迁与经济绩效》，刘守英译，上海三联书店，1994。

〔美〕萨缪尔森、诺德豪斯：《宏观经济学》（第十六版），萧琛等译，华夏出版社，1999。

〔美〕E. S. 萨瓦斯：《民营化与公私部门的伙伴关系》，周志忍等译，中国人民大学出版社，2002。

〔美〕珍妮特·V. 登哈特、罗伯特·B. 登哈特：《新公共服务——服务，而不是掌舵》（第三版），中国人民大学出版社，2016。

〔英〕A. C. Pigou：《福利经济学》（上册），陆民仁译，台湾银行经济研究室，1971。

〔英〕斯密：《国富论》，谢祖钧译，河南文艺出版社，2014。

〔英〕休谟：《人性论》，关文运译，北京商务印书馆，1980。

2. 期刊

陈洪涛、王名：《社会组织在建设城市社区服务体系中的作用——基于居民参与型社区社会组织的视角》，《行政论坛》2009年第1期。

陈家建：《项目制与基层政府动员——对社会管理项目化运作的社会学考察》，《中国社会科学》2013年第2期。

陈雷、仝志辉：《社会资本与社会组织运转——以甘东用水协会为例》，《公共管理学报》2008年第3期。

陈其林、韩晓婷：《准公共产品的性质：定义、分类依据及其类别》，《经济学家》2010年第7期。

陈巍巍、张雷、马铁虎等：《关于三阶段DEA模型的几点研究》，《系统工程》2014年第9期。

陈伟东、李雪萍：《社区治理与公民社会的发育》，《华中师范大学学报》（人文社会科学版）2003年第1期。

樊丽明、石绍宾：《公共品供给机制：作用边界变迁及影响因素》，《当代经济科学》2006年第1期。

冯俏彬、郭佩霞：《我国政府购买服务的理论基础与操作要领初探》，《中国政府采购》2010年第7期。

高灵芝：《村庄变迁与农村新型社区公共服务供给——"多村一社区"案例的实证分析》，《东岳论丛》2014年第11期。

胡祥：《城市社区治理内涵研究》，《理论月刊》2009年第8期。

吉鹏、李放：《政府购买城市社区养老服务效率评价——基于江苏省三市数据的分析》，《城市问题》2016年第10期。

贾先文：《我国农村社区公共服务满意度的要素模型分析》，《江苏农业科学》2010年第4期。

句华:《公共服务合同外包的适用范围:理论与实践的反差》,《中国行政管理》2010年第4期。

赖作莲:《基于DEA-Tobit方法的公共文化服务效率评价及其影响因素研究》,《内蒙古财经大学学报》2016年第6期。

李璐:《利益分化时代的城市社区管理体制创新研究——以广州、深圳"居站分设"模式为例》,《理论导刊》2012年第7期。

李雪萍:《城市社区公共产品供给机制论析》,《社会科学研究》2009年第3期。

李燕凌、欧阳万福:《县乡政府财政支农支出效率的实证分析》,《经济研究》2011年第10期。

李友梅:《基层社区组织的实际生活方式——对上海康健社区实地调查的初步认识》,《社会学研究》2002年第4期。

廖媛红:《农户对农村公共品的自愿供给行为及其影响因素研究——以北京地区农民为例》,《经济社会体制比较》2016年第4期。

刘典文:《基于主成分分析的农村公共服务供给绩效评价研究——以福建省为例》,《发展研究》2010年第7期。

刘继同:《从依附到相对自主:国家、市场与社区关系模式的战略转变》,《毛泽东邓小平理论研究》2003年第3期。

刘玮琳、夏英:《我国农村基本公共服务供给效率研究——基于三阶段DEA模型和三阶段Malmquist模型》,《现代经济探讨》2018年第3期。

卢爱国、曾凡丽:《社区公共事务的分类与治理机制》,《城市问题》2009年第11期。

陆小成:《城市公共服务绩效评价指标体系研究——以北京为实证分析》,《广东行政学院学报》2016年第3期。

罗登跃:《三阶段DEA模型管理无效率估计注记》,《统计研究》2012年第4期。

吕鹏、陈小悦:《多任务委托-代理理论的发展与应用》,《经济学动态》2004年第8期。

麻宝斌、董晓倩:《我国城市社区公共服务绩效评价问题研究——以长春市H社区为个案》,《云南行政学院学报》2010年第5期。

马海涛、程岚、秦强:《论我国城乡基本公共服务均等化》,《财经科学》2008年第12期。

周飞舟:《从汲取型政权到"悬浮型"政权——税费改革对国家与农民关系之影响》,《社会学研究》2006年第3期。

毛满长、刘燕华:《政府与居民:合作供给社区公共产品——以武汉市社区绿化的"私养公助"模式为例》,《经济问题》2008年第11期。

秦颖:《论公共产品的本质——兼论公共产品理论的局限性》,《经济学家》2006年第3期。

渠敬东:《项目制:一种新的国家治理体制》,《中国社会科学》2012年第5期。

孙立平、王汉生、王思斌等:《改革以来中国社会结构的变迁》,《中国社会科学》1994年第2期。

孙璐:《缺失与重建:中国城市社区社会资本探析》,《云南社会科学》2007年第3期。

唐蒙湘:《关于社区服务的理论界定》,《社区》2008年第21期。

田华、陈静波:《论社区公共服务供给中的多元化主体》,《云南行政学院学报》2007年第6期。

田华:《论政府社区公共服务绩效评估体系的构建》,《理论界》2007年第8期。

王蕾、朱玉春:《农民对农村公共产品满意度及影响因素分析——来自西部地区735户农户的调查》,《农业经济与管理》2011年第5期。

王汝发:《基于模糊分析的农村公共服务绩效评价》,《郧阳师范高等专科学校学报》2009 年第 3 期。

王薇、李燕凌:《农村公共服务绩效评价方法创新研究》,《甘肃社会科学》2013 年第 6 期。

王伟同:《中国公共服务效率评价及其影响机制研究》,《财经问题研究》2011 年第 5 期。

王向南、金喜在:《城市社区公共服务模式治理与优化——基于三大失灵理论的分析》,《税务与经济》2015 年第 3 期。

王雁红:《公共服务合同外包的运作模式:竞争、谈判与体制内外包》,《社会科学战线》2013 年第 3 期。

卫龙宝、张菲:《农村基层治理满意程度及其影响因素分析——基于公共物品供给的微观视角》,《中国农村经济》2012 年第 6 期。

吴件、高琛卓、杨再苹:《城市社区社会资本及其内部关系研究》,《改革与开放》2015 年第 9 期。

夏志强、王建军:《论社区公共服务的有效供给》,《社会科学研究》2012 年第 2 期。

肖亮:《农村公共品供给农民满意度分析及评价》,《农业技术经济》2012 年第 7 期。

谢迪、吴春梅:《村庄治理对公共服务效率的影响:解析鄂省 1098 份问卷》,《改革》2013 年第 11 期。

续竞秦、杨永恒:《地方政府基本公共服务供给效率及其影响因素实证分析——基于修正的 DEA 两步法》,《财贸研究》2011 年第 6 期。

阎坤、王进杰:《公共品偏好表露与税制设计研究》,《经济研究》2000 年第 10 期。

杨敏:《作为国家治理单元的社区——对城市社区建设运动过程中居民社区参与和社会认知的个案研究》,《社会学研究》2007 年第 4 期。

杨术、张晓磊:《社区公共产品供给的多维模式探析》,《中共云南省委党校学报》2006 年第 2 期。

尹文嘉:《政府购买公共服务的交易费用经济学分析》,《商业时代》2013 年第 29 期。

郁建兴、李慧凤:《社区社会组织发展与社会管理创新——基于宁波市海曙区的研究》,《中共浙江省委党校学报》2011 年第 5 期。

曾艳:《社区治理创新中的社区营造:实践运动与现实启示——以成都市为例》,《中共成都市委党校学报》2019 年第 2 期。

詹国彬:《公共服务合同外包的理论逻辑与风险控制》,《经济社会体制比较》2011 年第 5 期。

张启春、江朦朦:《中国农村基本公共服务绩效评估分析:基于投入-产出视角》,《中南民族大学学报》(人文社会科学版) 2016 年第 4 期。

张网成、陈涛:《论我国城市社区公共服务的内涵与外延》,《中国青年政治学院学报》2010 年第 2 期。

赵罗英、夏建中:《社会资本与社区社会组织培育——以北京市 D 区为例》,《学习与实践》2014 年第 3 期。

周飞舟:《财政资金的专项化及其问题 兼论"项目治国"》,《社会》2012 年第 1 期。

周俊:《政府购买公共服务的风险及其防范》,《中国行政管理》2010 年第 6 期。

周黎安:《中国地方官员的晋升锦标赛模式研究》,《经济研究》2007 年第 7 期。

朱玉春、唐娟莉、郑英宁:《欠发达地区农村公共服务满意度及其影响因素分析——基于西北五省 1478 户农户的调查》,《中国人口科学》2010 年第 2 期。

邹凯、马葛生、苏鹏:《基于 LISREL 的社区服务公众满意度测评研究》,《中国管理科学》2008 年第 S1 期。

3. 论文

刘楠楠:《新型社区公共产品有效供给机制研究》,博士学位论文,西南财经大学,2013。

唐娟莉:《基于农户满意视角的农村公共服务投资效率研究》,博士学位论文,西北农林科技大学,2013。

王春婷:《政府购买公共服务绩效与其影响因素的实证研究——基于深圳市与南京市的调查分析》,博士学位论文,华中师范大学,2012。

王云霞:《重点联系城市社区卫生服务机构经济运行状况及效率分析》,博士学位论文,华中科技大学,2013。

4. 外文文献

Afonso, A., Schuknecht, L., and Tanzi, V., "Public Sector Efficiency: Evidence for New EU Member States and Emerging Markets," *Applied Economics*, Vol. 42, No. 17 (2010), pp. 2147 – 2164.

Aigner, R., "Evaluating the Cost-efficiency of the Italian Banking System: What can be Learned From the Joint Application of Parametric and Non-parametric Techniques," *Journal of Banking and Finance*, Vol. 21, No. 2 (1997), pp. 221 – 250.

Andrews, R., Entwistle, T., "Four Faces of Public Service Efficiency," *Public Management Review*, Vol. 15, No. 3 (2012), pp. 246 – 264.

Banker, R. D. et al., "A Comparison of DEA and Translog Estimates of Production Frontiers Using Simulated Observations from a Known Technology," In Dogramaci, A., Färe, R., eds., *Applications of Modern Production Theory: Efficiency and Productivity* (Dordrecht: Springer, 1988), pp. 33 – 64.

Battese, G. E., Coelli, T. J., "A Model for Technical Inefficiency Effects in a Stochastic Frontier Production Function for Panel Data,"

Empirical Economics, Vol. 20, No. 2 (1995), pp. 325 –332.

Buchanan, J. M. , "An Economic Theory of Clubs," *Economica*, Vol. 32, No. 125 (1965), pp. 1 –14.

Charnes, A. , Cooper, W. W. , Rhodes, E. , "Measuring the Efficiency of Decision Making Units," *European Journal of Operational Research*, Vol. 2, No. 6 (1978), pp. 429 –444.

Clarke, M. , Stewart, J. , "The Local Authority and the New Community Governance," *Local Government Studies*, Vol. 20, No. 2 (2008), pp. 163 –176.

Coleman, B. J. , "Social Capital in the Creation of Human Capital," *The American Journal of Sociology*, Vol. 94, Supplement: Organizations and Institutions: Sociological and Economic Approaches to the Analysis of Social Structure. (1988), pp. 95 –120.

Dunham, H. W. , *Community and Schizophrenia: An Epidemiological Analysis* (Michigan: Wayne State University Press, 1965), pp. 84 –91.

Farrell, M. J. , "The Measurement of Productive Efficiency," *Journal of the Royal Statistical Society*, Vol. 120, No. 3 (1957), pp. 253 –290.

Fried, H. O. et al. , "Accounting for Environmental Effects and Statistical Noise in Data Envelopment Analysis," *Journal of Productivity Analysis*, Vol. 17, No. 2 (2002), pp. 157 –174.

Hatekar, N. , Kulkarni, S. , Mehta, P. , "Culture, Community and Institutions: Voluntary Provision of Public Goods in Maharashtra," working paper, Department of Economics University of Mumbai, 2014.

Johnston, J. M. , Romzek, B. S. , "Contracting and Accountability in State Medicaid Reform: Rhetoric, Theories, and Reality," *Public Administration Review*, Vol. 59, No. 5 (1999), pp. 383 –399.

参考文献

Kamensky, J. M. , "Role of the 'Reinventing Government' Movement in Federal Management Reform," *Public Administration Review*, Vol. 56, No. 3 (1996), pp. 247 - 255.

Lindahl, E. , "Just Taxation—A Positive Solution," in Musgrave, R. A. , Peacock, A. T. , eds. , *Classics in the Theory of Public Finance. International Economic Association Series* (London: Palgrave Macmillan, 1958), pp. 168 - 176.

Mubangizi, B. C. , "Service Delivery for Community Development: Reconciling Efficiency and Community Participation with Specific Reference to a South African Rural Village," *Journal of Public Administration*, Vol. 42, No. 1 (2007), pp. 4 - 17.

Ostrom, E. , Whitaker, G. , "Does Local Community Control of Police Make a Difference? Some Preliminary Findings," *American Journal of Political Science*, Vol. 17, No. 1 (1973), pp. 48 - 76.

Samuelson, P. A. , "The Pure Theory of Public Expenditure," *The Review of Economics and Statistics*, Vol. 36, No. 4 (1954), pp. 387 - 389.

Tiebout, C. M. , "A Pure Theory of Local Expenditures," *Journal of Political Economy*, Vol. 64, No. 5 (1956), pp. 416 - 424.

Vickrey, W. , "Counterspeculation, Auctions, and Competitive Sealed Tenders," *Journal of Finance*, Vol. 16, No. 1 (1961), pp. 8 - 37.

Wicksell, K. , "A New Principle of Just Taxation," in Musgrave, R. A. , Peacock, A. T. , eds. , *Classics in the Theory of Public Finance* (London: Palgrave Macmillan, 1958), pp. 72 - 118.

Worthington, A. C. , Economic Efficiency in the Provision of Local Public Goods, (Ph. D. diss. , University of Queensland, 1999), pp. 42 - 78.

图书在版编目(CIP)数据

城乡社区公共服务供给效率/张琼文著. -- 北京：社会科学文献出版社，2020.11
（光华社会学文库）
ISBN 978 - 7 - 5201 - 7337 - 7

Ⅰ.①城… Ⅱ.①张… Ⅲ.①社区 - 公共服务 - 研究 - 中国 Ⅳ.①D669.3

中国版本图书馆 CIP 数据核字（2020）第 180478 号

光华社会学文库
城乡社区公共服务供给效率

著　　者／张琼文

出 版 人／谢寿光
责任编辑／谢蕊芬
文稿编辑／陈美玲

出　　版／社会科学文献出版社·群学出版分社（010）59366453
　　　　　地址：北京市北三环中路甲29号院华龙大厦　邮编：100029
　　　　　网址：www.ssap.com.cn

发　　行／市场营销中心（010）59367081　59367083
印　　装／三河市尚艺印装有限公司

规　　格／开　本：787mm × 1092mm　1/16
　　　　　印　张：15.375　字　数：198 千字
版　　次／2020 年 11 月第 1 版　2020 年 11 月第 1 次印刷
书　　号／ISBN 978 - 7 - 5201 - 7337 - 7
定　　价／89.00 元

本书如有印装质量问题，请与读者服务中心（010 - 59367028）联系

▲ 版权所有 翻印必究